『ロスト・シンボル』の謎　フリーメーソンの正体

中見 利男

中経の文庫

はじめに

『天使と悪魔』『ダ・ヴィンチ・コード』に続く、ダン・ブラウンの『ロスト・シンボル』。今回のテーマは、フリーメーソンとアメリカ建国の秘密だ。本書は、日本で最も早く刊行された、その解読本である。

世界中で約六〇〇万人、アメリカだけでも約四〇〇万人の会員を擁する世界最大の秘密結社フリーメーソン。

イギリス王室とのかかわり、その起源と目的の謎、アメリカ建国、フランス革命など歴史的事件への関与……。そして、長年バチカンと敵対してきたという闇の歴史の存在。さらにいえば、『ダ・ヴィンチ・コード』に登場したテンプル騎士団こそがフリーメーソンの起源であるという説もある。

しかも今回、日本でも刊行された『ロスト・シンボル』によってフリーメーソンへの興味・関心はますます高まるに違いない。

では、ダン・ブラウンの狙いは何なのか？　『ダヴィンチ・コード』では異端グノーシス、『天使と悪魔』では秘密結社のイルミナティが登場した。そして、繰り返すが、今回はフリーメーソンだ。つまり、彼の一連の作品の重要なモチーフは、いずれも聖書と暗号、そして秘密結社である。そして、反バチカン。

結論からいえば、ダン・ブラウンは、小説という手法を使ってキリスト教世界の根幹すなわち、バチカンを揺さぶりにかかっているのだ。

しかも、まるでハーモニーを奏《かな》でるかのように、フリーメーソンとユダヤ人が支配しているといわれるハリウッドが、これまでもダン・ブラウンの作品を映画化し、世界的ブームを巻き起こしてきた。今回の『ロスト・シンボル』もすでに映画化が決定している。

つまり、ダン・ブラウンの描く小説には、さまざまな国際情勢と、そこに連なる勢力の思惑がみごとなまでにからみ合っているということだ。

考えれば、実に刺激的である。

だからこそ、彼の壮大な試みに対しても、本書は十分耐えられるものでなければならない。

だが、ご心配なく。ダン・ブラウンの扱うテーマは、筆者が長年取り組んできた研究テーマでもある。したがって、本書は、これから刊行されるであろう謎本のなかでも、とりわけ『ロスト・シンボル』の描くテーマの中枢に迫っているという自信がある。

だからこそ『ロスト・シンボル』を読了された皆さんのわだかまりの解決に一役買いたいという思いがあって執筆させていただいたわけだが、その一方で、『ロスト・シンボル』攻略のための予備知識の習得に、本書をお役立ていただけたなら、それは望外の喜びである。

いずれにしても、いまやフリーメーソンを語ることは文明論であり、地球規模の民俗学の分野に属する事柄であろう。

そういう文脈でいうなら、筆者は、フリーメーソンの標榜する「自由、平等、博愛」の精神は高く評価している。しかし本書は、あくまで『ロスト・

シンボル』の解読書という立場をとっている。ゆえに友愛組織としてよりも、むしろ歴史を動かしてきた〝闇の組織フリーメーソン〟という、いささか陰謀論的な事情にスポットを当てさせていただいた。

そのことをあらかじめお断りしておきたい。

それではフリーメーソンという名の妖《あや》しい響きを持つ、その秘密結社の全貌をご堪能《たんのう》いただこう。

平成二二年三月一日

中見 利男

『ロスト・シンボル』の謎　フリーメーソンの正体●もくじ

第2章 なぜフリーメーソンは、ここまで巨大化したのか

第3章 フリーメーソン国家「アメリカ」は、こうして生まれた!

本書は「中経の文庫」のために書き下ろされたものです。

第1章

世界を動かす秘密結社「フリーメーソン」の謎に迫る！

「フリーメーソン」という名の秘密結社の名前を耳にした人は多いだろう。

とくにダン・ブラウンの一連の作品で古代からシオン修道会、イルミナティなどという秘密結社が歴史を動かしてきたということを知った皆さんは、おそらくまた今度も、フリーメーソンを扱った『ロスト・シンボル』を手にとられたことだろう。それほど秘密結社には妖しい魅力がある。

とりわけフリーメーソンは、フランス革命をはじめ、アメリカ建国にも深くかかわっており、文字どおり世界史を陰から動かしてきた、いわば歴史のプロデューサー的存在である。

したがって、彼らが一体何を目指しているのかは、今後の国際情勢を知るうえでもひじょうに有益である。

そこで本章では、まずフリーメーソンという名の秘密結社の組織について迫ることにしたい。一体どのような入会方法があり、儀式があるのか。

まずは、あなたをフリーメーソンの世界にご案内しよう。

「組織の謎」に迫る

六〇〇万人のメンバーを要する世界最大の秘密結社

「フリーメーソン」という呼称は、厳密には会員個人のことを指しており、団体名や思想は「フリーメーソンリー」と呼ぶのが正しい。しかし本書では、個人でも団体でも、思想においても通称として日本人になじみのあるフリーメーソンを使用することにした。

ちなみに、日本グランド・ロッジの表記は「フリーメーソン」ではなく、正しくは「フリーメイスン」である。

さて、そのフリーメーソンとは現在、世界におよそ六〇〇万人ものメンバーを擁する世界最大の秘密結社である。そのうちの約三分の二にあたる約四〇〇万人が、アメリカで活動しているといわれる。また、フリーメーソンの本家であるイギリスには、約七五万人の会員がいる。

いずれにしても、いまや世界的に一大勢力をなしている組織であることに間違いない。

なぜ「影の世界政府」という〝伝説〟がつきまとうのか

では、フリーメーソンを世界的に有名にしたものは何か？　それは秘密そのものだ。彼らは、まず「自分がフリーメーソンである」ということを隠さねばならない。その理由は、政治的不利益を受けないためである。

さらに、フリーメーソンには重大な約束事がある。それは、会員が「至高の存在」の実在を信じなければならないということだ。

したがって、フリーメーソンとは、「宗教とともに歩む哲学者集団」と考えることができる。

ただし、「至高の存在」がどういう名前で、いかなる聖典のなかにあらわれ、どのように崇拝されるかは、すべて個々のフリーメーソン自身の問題とされている。

たとえば、会員は参入の際に「聖典」に誓約するが、その聖典とは、その参入者自身が神聖とみなす特定の書物であって、フリーメーソンが定めた書物が特別にあるわけではない。自分自身の信じる宗教の教えに従うようすすめるだけで、それぞれの宗教の詳細には立ち入らない。

しかも、フリーメーソンの集まりで宗教論議を持ち出すことは、原則として禁じられている。だからこそ、カトリックなど唯一信仰の宗教者からみれば、こうしたフリーメーソンの秘事も〝噴飯《ふんぱん》もの〟とされてきた要因なのである。

では、なぜカトリックの怒りを解くための努力をしないのだろうか。それには理由がある。なぜならフリーメーソンにとっては秘密が重要なカギを握っているからだ。たとえば、会員が互いにフリーメーソンであることを伝え、確認し合う手段として暗号が使われるほか、集会所での発言も、すべて秘密である。

だからこそと言うべきか、会員たちは、いかなる問題であれ、自分の話したことが公にされる心配なしに自由に発言できる。加えて内部刊行物やロッジの規則、行われている儀式も秘密になっている。

こうしたことから「世界の政治・経済を操る影の世界政府である」という都市伝説的なイメージがフリーメーソンにはいつの時代でもつきまとうのである。

弱者に手を差し伸べる公的な〝慈善団体〟の顔も――

このような秘密主義にもとづいていながらも、現在はフリーメーソンとは慈善団体だという認識が国際的には浸透し始めている。

実はフリーメーソンは秘密結社とはいえ、事実上はきわめて公的な組織なのだ。たとえばフランスのロッジの大部分は、一九〇一年の結社法にのっとった団体であり、日本でも財団法人「東京メソニック協会」と任意団体「日本グランド・ロッジ」は厚生労働省が認可している。他の多くの国々でも、フリーメーソンは非営利的博愛団体としての法的裏づけを持っている。

そのうえ、フリーメーソンの建物は、誰にでもそれとわかるようになっている。しかも、多くの日本人にとっては意外に映るかもしれないが、彼らは組織の内外に対して莫大な規模の慈善活動を行っている。

病気や災害などで困窮する人たちのために、教育施設や病院施設を設立し、その経費をすべて会員からの寄付によってまかなっているのだ。

そのため、いまやアメリカでは謎多き秘密結社というよりも、弱者に手を差し伸べる慈善団体として人々に認識されている。たとえば、全米にあるフリーメーソン系の諸団体は、合計すると、「一日あたり二〇〇万ドル以上、年間七億五〇〇〇万ドル以上（日本円にして七五〇億円以上）もの資金を慈善事業に使用している」といわれている。

つまり、フリーメーソンは友愛団体そのものなのである。

しかしながら本書では、あくまで『ロスト・シンボル』の解説書という立場から、歴史を操る組織としてのフリーメーソンに焦点をあてていきたい。

✹フリーメーソンの基本理念は何か

フリーメーソンには三つの基本理念がある。それは「兄弟愛」「救済」「真実」だ。

そのうち「兄弟愛」は、「社会的地位を問わず、人種、宗派、信条を越えて友情をつくりあげよう」という考え方からきている。彼らはメンバー同士が助け合うことを組織の目的とし、互いを「Brother（兄弟）」と呼び合う。会員は秘密の暗号で「兄弟」かどうかを見分け、「兄弟」はいざというときは助け合うことになっている。欧米には有力者の会員も多いため、さまざまな場面で暗号が有利に働くことがあるという。

また「救済」とは、前述のように慈善活動として孤児や老人、病人など社会的弱者のために毎年巨額の寄付を行うことである。

そして三つめの「真実」。これは、うそ・偽《いつわ》りを排し、科学的に物事をみることをいうのである。

こうした理念の根本にあるのが慈愛（チャリティ）の精神だ。これはフリーメーソンが追求する特質——誠実、真実、正義、平等、慈愛——の五大要素のひとつであり、会員は、ロッジ以外の場でもフリーメーソンの教えを敢《かん》然《ぜん》と実践するよう奨励されている。

つまり、フリーメーソンの目標は「人間をよりよい存在に向上させる」ことにあるといっていい。

なぜ批判の対象となったのか

ではなぜ、これまで彼らは批判にさらされてきたのだろうか。その答えのひとつが権力との結びつきだ。たとえば、第二次世界大戦中にイギリス首相に就任した大政治家の一人、ウィンストン・チャーチルは、一九〇一年にロンドンのスタッドホウム・ロッジに加入し、一九一二年までは定期的に集会に参加していたフリーメーソンだった。

また、フランスのミッテラン元大統領はフリーメーソンではなかったが、エマニュエリ元社会党第一書記、デュマ元外相、ジョックス元国防相、エルニュ元国防相など、側近にはフリーメーソンがいた。彼らは、多かれ少なかれ政府の政策に関与した。

また、後に述べるように、イギリスでは古くから王室がフリーメーソンに参加してきた。

いうまでもなく、フリーメーソンの会員がその国の王族や大臣、代議士であれば、当然彼らは政治に大きな影響力を持つことになる。とすれば、フリーメーソンの教えに従って、自分の理想に近い政策を実行しようと思えば簡単である。いわばフリーメーソンの歴史とは、こうした批判との戦いそのものであったといえる。

「入会の謎」に迫る

フリーメーソンへの入会資格とは？

フリーメーソンに加入する方法をご説明しよう。

まずフリーメーソンメンバーは満二〇歳以上の青年男子に限定され、一人か二人の兄弟、つまり会員が保証人となり、世間での評判がよく、高い道徳心の持ち主で、健全な心に恵まれ、定職と一定の収入があって家族を養っていること、身体障害者でないことが求められる。

フリーメーソンへの入会手順とは？

まず、志願者は、反省の小部屋に入れられる。ここには「VITRIOL」の七文字の暗号が記されている。意味は「大地の内部をたずねよ。さすれば純化により、汝は隠されたる石を見出さん」である。

『ロスト・シンボル』では、この地下の秘密についてこう記している。

「古《いにしえ》の神秘が、はるか昔に地下へ封じられているという。古の神秘とはまさに古の知恵のことを意味しているのだ。フリーメーソンの伝承では、古の知恵に秘められた力を手にする者は、神の領域に到達するという。そのためこの秘密は、これまで何を犠牲にしても守られてきた。

さらに伝承では、古の知恵は暗号化され、その暗号を解くための秘密の言葉が地下深くに埋められているという。そしてその言葉は、世界に啓蒙の光をもたらすと伝えられている」

先に記した暗号のなかの「隠された石」とは、つまり古の知恵のことなのである。そして、それは大地の下に封印されているという。フリーメーソンではそのことをまず志願者に教えるのだ。

さて、反省の小部屋を出た志願者は、ロッジの全員もしくは最古参のメンバーたちから質問を受ける。「ここに来た目的は何か」に対して、志願者は案内役を通して、「哀れな盲目の志願者である私は長く暗闘にありましたが、暗闘から脱して光をみるために、この光栄あるロッジに来ました」と答える。これはたいてい目隠しをして行われる。

その後、志願者は火の中を通ったり高所から飛び降りたりという試練を受けるが、これはいずれも錯覚を利用したもので、実際に行われることはない。すべての試練が終わると、マスターが槌《つち》を三度叩き、志願者の目隠しが外される。

その後、ロッジ・メンバーの投票で全会一致の承認を得なければならず、白か黒の球をそれぞれメンバーが投票箱に入れ、満票を得た志願者だけがフリーメーソンへ入会できる。

そして身辺調査を行い最終的に決定するのだが、原則としてユダヤ教やキリスト教、イスラム教、仏教など何らかの信仰を要求され、無神論者や共産主義者、社会的に確立されていない宗教、たとえば新興宗教などを信仰する者は受け入れない。

ただし、特定の宗教を信仰していなくても、神（あるいは、それに類する創造者）の存在を信じるものであれば、入会資格はある。

なお、入会を拒否された場合でも、一定期間を置いての再申請は可能だ。

入会金、年会費はいくらかかるか

入会時には、四万円から六万円程度の一時金が必要である。同時にメンバーは四〇〇〇円から五〇〇〇円程度の年会費を払わなければならない。

ちなみに、女性が入会できない理由は、石工職人団体時代、女性が男性と同じように危険な仕事を行うことができなかったことに由来している。しかし、後述するように、最近は女性にも門戸が開かれてきている（九五ページ参照）。

「位階の謎」に迫る

なぜ、この三つが「基本位階」となったのか

フリーメーソンの儀礼とは、わかりやすくいえば〝派閥内の階級システム〟のようなもので、古代公認スコットランド儀礼とヨーク儀礼が二大勢力である。それぞれの儀礼によって独自の位階が設けられているが、どの儀礼の場合も、次の三つが基本位階とされている。

「親方」「職人」「徒弟」の三つである。

この三位階は、フリーメーソンの基本で、「ブルー・ロッジ（青ロッジ）」と呼ばれている。

ちなみに、フリーメーソンの秘儀のひとつは「ヨハネ派」と呼ばれるキリスト教の秘教主義で、ヨハネの福音書、ヨハネ書簡、ヨハネの黙示録など聖

ヨハネの教えにもとづいている。そこでこの基本三位階のロッジは「聖ヨハネのロッジ」と呼ばれることがある。

さて、これらの位階は、のちの起源の謎でも述べる（五一ページ参照）とおり、中世ヨーロッパの石工職人のシステムを受け継いだものだ。

かつて石工たちは、建築現場の脇に設けられた集会所＝ロッジに集まっていた。ロッジは仕事の打ち合わせや賃金の受け渡しの場としてのみならず、静養所としても利用されていた。そこは単なる宿泊施設ではなく、石工職人たちの生活の場所だった。

ロッジでは、徒弟の養成・支援にあたる石工長の権威のもと、仕事の秘密が伝授された。

もともとフリーメーソンの源流だったユダヤ教では、自然の世界や人物を描くことは創造者たる神への冒涜《ぼうとく》とみなされ、彫刻や装飾は禁じられていた。

しかし逆に、神の栄光は、幾何学《きかがく》の法則のなかに顕現していると考えられたため、形と数にもとづいた大建築物に神が宿るとされてきた。

◆図１　基本三位階

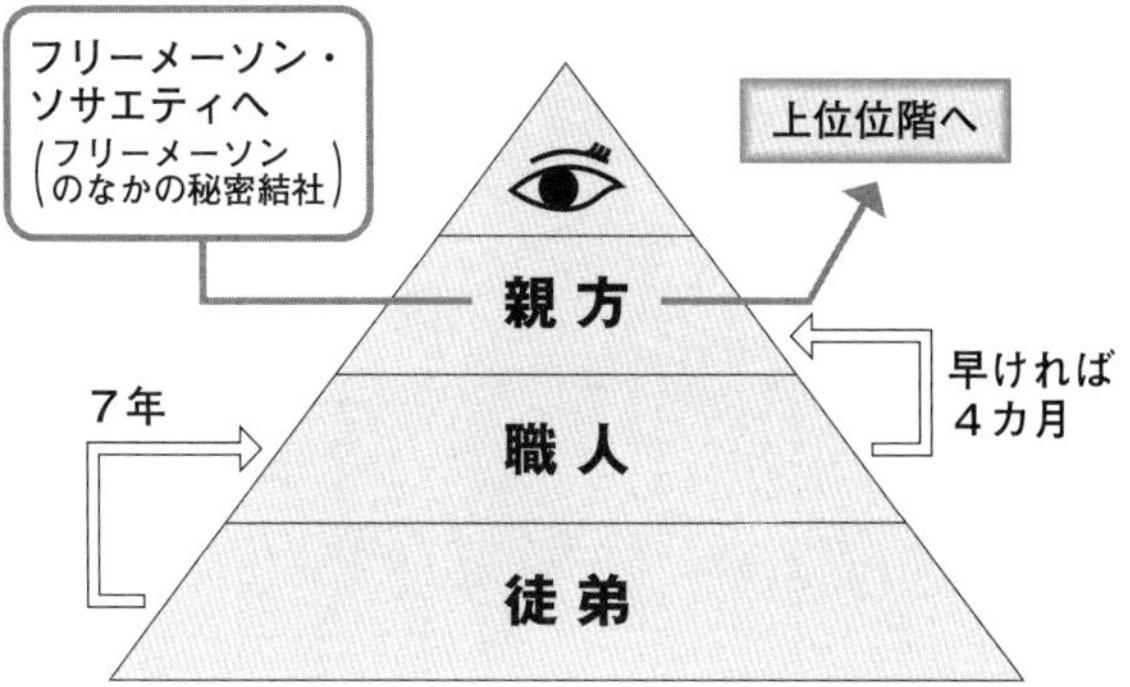

　そして、それを具体化する石工たちは熟練した製図家で数学家、そして歴史に通じ、しかも占星術にくわしい人間でなければならなかったのである。つまり、当時はこうした知識や技術は、魔術であり秘儀とされた。

　しかも彼らは、城の要塞を建築することもあった。そこで要塞の設計にあたり、軍事にも通じていなければならなかった。つまり、職人たちは、〝スーパーマン〟だったのだ。

　こうした歴史的事実をふまえて石工の伝統を再構築したのが、フリーメーソンの位階である。

したがって、フリーメーソンに入会すると、まず石工時代と同じように「徒弟」の位階に属し、次に「職人」、そして「親方」の位階に進む。「徒弟」は、自己浄化のための準備段階として、最初の通過地点とされる。そして自己浄化の試練を積み、知的・情緒的に熟し、精神的な覚醒を達成することが求められる。

そして職人となり親方へ昇進するのだが、徒弟から職人には、七年。職人から親方までは、早い者で四カ月ほどで達することができる。

こうした伝統があるため、フリーメーソンでは親方になって、はじめて一人前といわれる。

しかもロッジの役職に就くには、最低でも親方の位階が必要である。また、フリーメーソンのなかの秘密結社、いわゆるフリーメーソン・ソサエティに所属できるのも、親方以上に限られている。

なお、この親方を束《たば》ねるのが「グランド・マスター」だ。親方になることさえスーパーマンのような技能を必要とされたのだから、グランド・マスターは、さらに高い人間性と能力が求められる。

ちなみに、フリーメーソンの言い伝えによると、初代のグランド・マスターは「ソロモン王」だったという。

三三位階からなる「古代公認スコットランド儀礼」

前述のように、基本三位階が「ブルー・ロッジ」と呼ばれるのに対して、その上位位階は「レッド・ロッジ」と呼ばれる。

「レッド・ロッジ」の内容は、儀礼によって大きく異なっている。

たとえば、世界でいちばん広く行われている古代公認スコットランド儀礼は、一八世紀にフランスで生まれたもので、基本三位階を含めると三三の位階（図2参照）からなる。ちなみに「33」は『ロスト・シンボル』でもキーナンバーになっている数字である。

最上位の第三三位階は、古代公認スコットランド儀礼や人類に貢献した会員のみに授与される最高の栄誉で、会員のわずか一％程度に授けられているだけである。

これに対して、ヨーク儀礼には、基本三位階の上に九つの上位位階がある。その頂点はテンプル騎士団で、ここは会員資格をキリスト教徒のフリーメーソンに限定している。

ちなみに、同じく一八世紀に生まれた修正スコットランド儀礼は、キリスト教色が濃く、六つの位階からなる。

また、「近代儀礼」とも呼ばれるフランス儀礼は、一七八六年にフランス大東社という結社（詳細は後述）が定めたもので、こちらは七つの位階からなる。幾度かの修正を経てかなりシンプルになったこの儀礼は、リベラルな分派の間で用いられている。

特殊な例として、スウェーデン儀礼の上位位階（九位階）がある。スウェーデンでは、国王が代々グランド・マスターに就任しており、国権とフリーメーソンが一体化している。

◆図２　古代公認スコットランド儀礼――33の位階

第33位階	〈監察総監〉	〔〈全権大監察総監〉〕
第32位階	〈王の秘密の棟梁〉	〔〈王の秘密の至高の王子〉〕
第31位階	〈監察審問官〉	〔〈大監察審問長官〉〈監察審問長官〉〈大監察官〉〕
第30位階	〈カドッシュの騎士〉	〔〈選ばれしカドッシュの全権騎士〉〕
第29位階	〈聖アンデレのスコットランド騎士〉	〔〈聖アンデレの大いなるスコットランド騎士〉〈聖アンデレの騎士〉〕
第28位階	〈太陽の騎士〉	〔〈熟達者の王子〉〕
第27位階	〈神殿の騎士の司令官〉	〔〈エルサレムの騎士〉〈神殿の大いなる司令官〉〕
第26位階	〈慈愛の王子〉	〔〈三位一体のスコットランド騎士〉〕
第25位階	〈青銅の蛇の騎士〉	
第24位階	〈幕屋の王子〉	
第23位階	〈幕屋の長〉	
第22位階	〈王の斧の騎士〉	〔〈リバヌスの王子〉〕
第21位階	〈ノアの末裔〉もしくは〈プロイセンの騎士〉	〔〈ノアの末裔の族長〉〕
第20位階	〈象徴的ロッジの棟梁〉	〔〈すべての象徴的ロッジの大棟梁〉〕
第19位階	〈大祭司〉	〔〈天上のエルサレムの至高のスコットランド騎士〉〕
第18位階	〈薔薇十字の騎士〉	〔〈薔薇十字の王子〉〈カドッシュの評議会のヘレドムの薔薇十字の騎士〉〕
第17位階	〈東西の騎士〉	
第16位階	〈エルサレムの王子〉	
第15位階	〈東方の騎士〉	〔〈剣の騎士〉〈鷲の騎士〉〕
第14位階	〈完全なる選ばれし者〉	〔〈完全なスコットランド騎士〉〈聖なる穹窿(きゅうりゅう)の騎士〉〈大いなる選ばれし完全なる至高のメーソン〉〈大いなる選ばれしメーソン〉〕
第13位階	〈ソロモンのロイヤル・アーチ〉	〔〈エノクのロイヤル・アーチ〉〈９番目のアーチの騎士〉〈９番目のアーチの棟梁〉〈ロイヤル・アーチの騎士〉〕
第12位階	〈大いなる棟梁の建築師〉	
第11位階	〈12名から成る選ばれし者〉	〔〈至高の選ばれし者〉〈12名から成る至高の選ばれし騎士〉〈選ばれし至高の棟梁〉〕
第10位階	〈15名から成る選ばれし者〉	〔〈15名から成る選ばれし棟梁〉〈15名から成る選ばれし輝かしき者〉〕
第９位階	〈9名から成る選ばれし者〉	〔〈９名から成る選ばれし棟梁〉〈９名から成る選ばれし騎士〉〕
第８位階	〈建築物の管理官〉	
第７位階	〈宰領兼士師〉	
第６位階	〈内密の書記官〉	
第５位階	〈完全なる棟梁〉	
第４位階	〈秘密の棟梁〉	〔〈旅人たる棟梁〉〕

ところ、あまりにも位階が乱立したため、フリーメーソン内部でも批判が巻き起こったことがある。たとえば、オリエンタル・ライト・メンフィス（メンフィス東方儀礼）では、九四もの上位位階を設けていた。また一時は数百の位階が乱立した儀礼も登場した。また、レッド・ロッジがブルー・ロッジに対して優位権を主張して対立するなど、フリーメーソン内部でも統制が乱れ内紛が生じたこともある。

しかもロッジによっては、上位位階の内容を秘密にしているところもあり、会員でさえ上位位階の実態を把握できていないケースもあるのだ。

つまり、フリーメーソンは決して一枚岩ではなかったことがうかがえる。だから、暴走する勢力も、当然歴史的には存在し、また逆にいえば生まれやすい土壌でもあったわけだ。

さらにいえば、オカルト色の強い位階もあった。たとえば、ある上位位階の儀式には、バチカン教皇の帽子とヨーロッパの王様の王冠を模した帽子を踏みつぶすというものがあると伝わっている。これはフリーメーソンがローマ教皇や王権と対立してきた闇の歴史を物語るものである。こうしたこともあってフリーメーソンは歴史的に弾圧や反発の対象とされてきたわけだ。

位階上位者が組織する「フリーメーソン・ソサエティ」とは？

フリーメーソンには関連組織が存在する。これは親方以上の位階者によって構成されるもので、「フリーメーソン・ソサエティ」と総称される。

有名な組織として、「スコティッシュ・ライト」「イースタン・スター」「シュライン」などがあり、同好会的な組織も含めると、その数はおよそ一〇〇以上にも及ぶという。さらに小さな組織になると、名前だけで実際にどのような活動を行っているのか、詳細を把握することすらむずかしい。

ただし、表向きはフリーメーソンとの関係に上下はなく、あくまで平等な関連組織として位置づけられている。

「ロッジの謎」に迫る

ロッジはどんな役割を果たし、どんな活動をしているのか

フリーメーソンの集会所のことを「ロッジ」と呼ぶことは一般的に知られている。だがフリーメーソン内部では、ロッジのことを「神殿（テンプル）」と呼んでいることはあまり知られていない。

ただし、テンプルという語のもともとの意味は、「特別な目的のためにとっておいた場所」であり、宗教目的ということではない。

また、ロッジは「ブルー・ロッジ」「シンボリック・ロッジ」「クラフト・ロッジ」「プライベート・ロッジ」などと呼ばれることもある。

ロッジはある一定の地区を管轄しており、会員数は場所によって違うが、

おおむね二〇～二〇〇人ほどである。各プライベート・ロッジの上に国や州を単位とする「グランド・ロッジ」があり、周辺のロッジを統括している。しかし、世界を統制する総本部のようなロッジはない。いわば連邦制である。ただし、最初に誕生したイギリスのグランド・ロッジによる認証がなければ正式なロッジとして認められない。つまり、ロッジは他のロッジから認証されることで、フリーメーソンのネットワークに加入できるのだ。

ロッジでは、集会のほかに参入儀式、位階昇進の儀式、メンバー同士が親睦を深めるための懇親会も行われている。

また、日本では五月に子ども祭り、八月にバーベキューが催される。こうしたイベントにはメンバー以外の一般人も参加可能である。

ちなみに、外部の人間が参加するロッジの集会は「白会」と呼ばれる。そして演説者が外部の人間で、聴衆がフリーメーソンに限られていれば「閉鎖白会」、演説者がフリーメーソンで、聴衆がフリーメーソンと外部の人間の両方であれば「開放白会」という。

ロッジはどんな役員によって構成されているか

二〇〇五年当時において、アメリカには約一万二五〇〇のロッジがあり、全世界では六万と推測されている。

ロッジの内部は、外部から隔絶されており、聖なる空間とされている。建物の一階にロッジを置いてはならず、二階より上に置かれている。

ロッジの中は、青く塗られた天井に金色の星が描かれたり、床に白と黒の市松《いちまつ》模様が描かれているところもあり、妖《あや》しくも荘厳《そうごん》な空気に包まれている。

フリーメーソンのロッジの中心人物は「マスター」で、最高責任者として組織の運営にあたる。「シニア・ディーコン」は、マスターとともにロッジの運営を行い、マスターの代理や伝令を務めたりもする。

また「ジュニア・ウォーデン」は、訪問者がメンバーであるかを確認する。「ジュニア・ディーコン」はロッジの警備にあたる。そのほか、会計担当の「トレジャラー」や、秘書役の「セクレタラー」などがいる。

ロッジ長であるロッジ・マスターは、東方に位置し、作業＝討論の開始と終了を告げ、集会をリードする。

補佐役のシニア・ディーコンは、職人を指導し、規律を徹底させ、シニア・ウォーデンは徒弟を教育する役目がある。

徒弟は、話を聞き、学ぶことが仕事なので、討論中は口をきくことができない。それ以外のメンバーが発言するには、シニア・ディーコンの許可を求める。聞き手が話をさえぎったり、コメントを加えることは認められない。だから、話し合いは穏やかなものになる。

「儀式の謎」に迫る

「三つの大いなる光」とは何か

正規ロッジでは①聖典（聖書、コーラン、ヴェーダなど）、②直角定規、③コンパスを「三つの大いなる光」と呼んでいる。

これらは入会志願者の宣誓に使われるのだ。ダン・ブラウンの『ロスト・シンボル』でもこの聖典が重要なカギを握っている。

「ピーター」は、失われた〝言葉〟とは古代の言語で書かれ、何世紀ものあいだ隠されていた、実在するものだと語る。その〝言葉〟の真の意味を理解した者は、大いなる力を手にすると。

そして失われた言葉とは、文字どおりの〝言葉〟ではなく、ある〝書物〟

◆図３　霊をあらわすコンパスと魂をあらわす直角定規

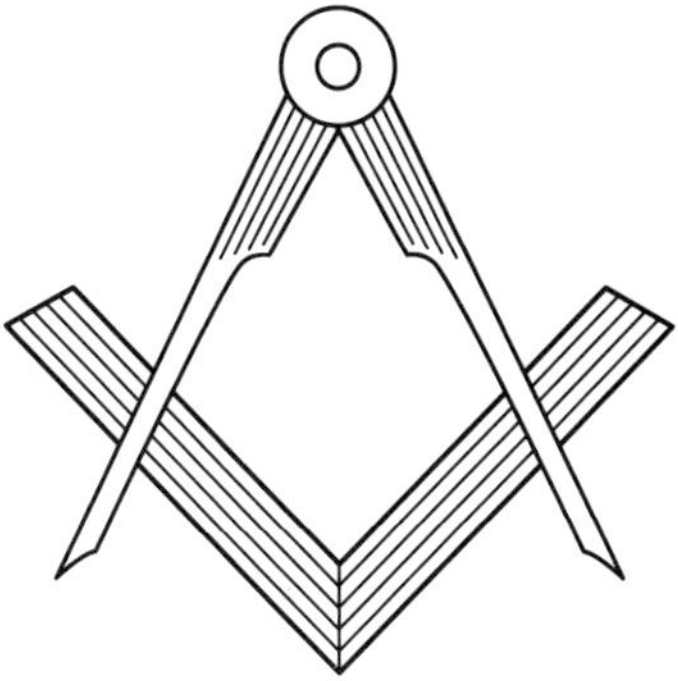

を示す。その書物とは、キリスト教の聖書、イスラム教のコーラン、ユダヤ教のトーラー、ヒンドゥー教のヴェーダなどの原本である。つまり古の神秘とは、聖書の内容そのものなのである。

ピーターによれば、その原本はワシントン記念塔の地下に隠されているという」

これはストーリーの一部だが、ここからも聖典がフリーメーソンの重要なツールであることがおわかりいただけるだろう。

ただし、志願者が宣誓に使うのは本人

が神聖とみなす書で、結社が定める聖典があるわけではない。いろいろな宗教の会員がいるロッジでは、それぞれの宗教の聖典を全部広げておく。

また直角定規とコンパスには、それぞれ暗示が込められている。「美徳という直角定規を使って自分の行為を正しく律し、コンパスで描いた範囲の内に欲望を制限するように会員に教える」という意味がそれだ。美徳の定義と制限の範囲は、もうひとつの光である聖典のなかに記されている。

さらに複合的な暗示として、「聖典という神聖な源泉から霊（コンパス）と魂（直角定規）が放射される」という重要な意味があることも知っておこう。

「ヒラム伝説」にもとづく儀式とは？

近代フリーメーソンの初期の儀式はごく簡単なもので、「参入儀式」ではなく「入会式」と呼ばれていた。位階も三つではなく、徒弟と職人の二つしかなかった。それが、しだいに本格的な参入儀式を備えた結社になっていくのだ。

参入儀式のキーワードは、なんといっても一七三〇年以降にフリーメーソンに生まれた「ヒラム伝説」だ。これは死と復活の神話で、「ソロモンの神殿」を建設するために派遣された、棟梁《とうりょう》ヒラムが主人公である。


ヒラムの物語は、旧約聖書『列王記上』と『歴代誌下』にもとづいている。専門家の研究によれば、ヒラムは、フェニキア（現レバノン）の港町ティルスの王室の血縁にあたり、測定や幾何学にもとづいた神殿建築の秘儀を知っていた親方で、ソロモン王はフェニキア人の神殿を参考にしてソロモン神殿を建てたといわれている。

フリーメーソンの伝承をみてみよう。

ヒラムが石工職人たちを「徒弟」「職人」「親方」の三位階に分け、それぞれに秘密の技を持たせた。

徒弟は神殿の柱にちなんで「ボアズ」と呼ばれ、職人はもう一方の柱の「ヤキン」、親方は「エホバ」と呼ばれた。

エホバとは、文字どおり神のことである。

ところがあるとき、「親方」の位階を望んだ三人の職人が、ヒラムから建築技術の秘密の技を力ずくで奪おうとする。

しかし、ヒラムがそれを拒絶したため、三人の職人たちはヒラムに襲いかかった。まず、神殿の東門にいた一人目の職人が、二四インチの罫引きでヒラムに切りかかった。なんとか逃げ切ったヒラムを、今度は南門にいた二人目の職人が襲う。そして、最後に西門で槌《つち》を持った三人目の職人がヒラムを襲い、とうとう彼は絶命してしまう。

三人の職人は、ヒラムの遺体を誰にもわからないよう土の中に埋め、そこにアカシアの小枝を刺しておいた。

その後、ヒラムがいなくなったことを心配したソロモン王は、職人たちにヒラムを捜させる。

◆図４　ライオンの握手法

やがて、地面から出たアカシアの枝が目印となり、ヒラムの遺体は発見された。死後一四日が経過していたため、死体の指を一本つまむと指の皮がはがれた。二番目の男が別の指をつまむと同じようになり、三番目の男が死体の手首をつかむと皮膚がはがれ落ちた。

その後、ソロモン王が改めて遺体を葬ったとするストーリーや、秘密の握手法「ライオンの握手法」（図４参照）によって、ヒラムは復活したというストーリーが混在している。

しかしいずれにしても、この神話をふ

まえたうえで、参入儀式において入会志願者が主人公ヒラムを演じる。

なぜなら、ヒラムと同一化することで会員の心のなかにヒラムがよみがえるということを教え込むのである。

そして、この儀式は死を暗示する黒を基調とした部屋で行われるのだが、まず儀式は、主役のヒラムが三人の職人によって殺されるシーンから始まる。そしてヒラムが殺されるシーンが朗読され、ヒラムが土の中に埋められたくだりに合わせて、志願者は中央に横たわるよう指示される。

さらに、前述の「ライオンの握手法」と同じ方法で、志願者はメンバーに起こされる。つまり、よみがえるのである。

その後、志願者は秘密厳守の誓いを述べ、秘密の合言葉を伝えられて参入儀式が終了する。

こうして志願者は、ヒラムの死と復活の聖劇に参加することで、「死」の象徴的意味を知り、入会が認められるのである。

つまり「ヒラム伝説」が志願者に教えていることは、「死を賭けてでも自分たちの秘密は守らなければならない」ということ、そして「その秘密は伝達不可能である」ということだ。

そして、三人の悪い職人は、フリーメーソンの嫌う三つの欠点である「無知、野望、狂信」を象徴し、ヒラムの発見を助けたアカシアは「永遠と再生」の象徴である。

また、聖書では、ヒラムは未亡人の息子だったため、フリーメーソンの会員は「未亡人の子ども」と呼ばれている。

いささか芝居がかった儀式だが、これを守り受け継いできたのがフリーメーソンなのである。ここからも彼らが内面的な自己浄化と自己改革を目指している組織であることがわかる。

「ピラミッドの儀式」とは？

フリーメーソンの儀式には、先にご紹介したヒラム伝説のほか、古代エジプト的なものが数多く取り入れられている。

◆図５　全能の眼

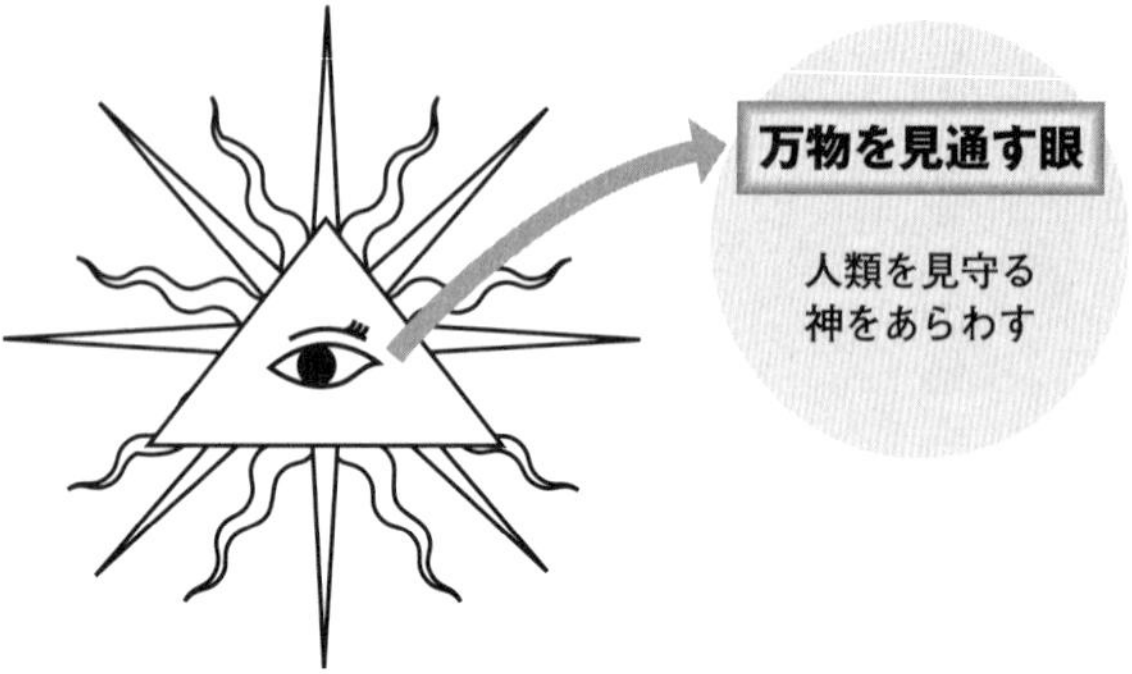

そのひとつが、ギザのクフ王のピラミッドを使った儀式だ。

というのもピラミッドは、フリーメーソンを象徴するマークとして使われており、ピラミッドのいちばん上の石は「キャップストーン」と呼ばれ、カイロ博物館所蔵のアメンエムハト三世のキャップストーンには、フリーメーソンのシンボルである万物を見通す「全能の眼」が刻まれている。

これに関してダン・ブラウンの『ロスト・シンボル』では、次のように紹介されている。

「石のピラミッドの暗号は、解読してもまだその意味は不明だった。これを解くため、ピーターに託された包みをラングドンが開けると、灰色の石の小箱が現れた。小箱の中には、石のピラミッドの頂きにぴたりとはまる金のピラミッド、すなわち冠石が入っていた。ピーターによれば、冠石は〝混沌《こんとん》のなかで秩序を見いだす力〟を与えるという」

それこそが神の眼の力である。

さて、そのピラミッドを使った儀式とは、次のようなものだ。

儀式を受ける候補者は、目隠しされた状態でピラミッドの「地下の間」に閉じ込められる。この闇のなかでこれまでの人生を振り返り、懺悔《ざんげ》する。これは候補者に一度、死を与えることを意図している。

次に候補者は、祭司に導かれて目隠しのまま回廊に出る。ここは意図的に天井が低く造られ、四足で這《は》って歩かなければならない。つまり、人間として認められていないということを示す。

そうして目隠しをされたまま「女王の間」までやってくると、祭司との問答が待っている。結果、「資格なし」と判断されると外に戻されるが、強い意志を持ち、資格ありとみなされた者は次の段階へと進んでいく。

「女王の間」を出ると、大回廊に落とし穴が待っている。ここでは運も大事な要素であることが教えられる。運の悪い者は穴に落ち、もとの「地下の間」近くまで戻される。

幸運にも通過できた者は、引き続き大回廊を上に向かって歩かされる。ここではじめて直立歩行が許される。やっと人間として認められるのだ。

いよいよ最後の部屋「王の間」までたどり着くと、目隠しがとられ、候補者は小窓から差し込む一筋の光を目にする。この光こそ復活の象徴で、儀式はこれで終了する。

もちろん、ピラミッド内部を模した部屋での儀式であるが、いずれにしても、このように死と再生は、フリーメーソンの重要なテーマなのである。

第2章

なぜフリーメーソンは、ここまで巨大化したのか

「フリーメーソン」という言葉が最初に文献に登場するのは古代エジプトや旧約聖書ではない。それは一三七六年のことだ。

しかし、彼らは、フリーメーソンに伝わる秘儀を神自身にさかのぼり、「神こそ最初のフリーメーソンだ」と主張する。また、アダムにその起源を求める説もある。つまり、アダムは、神の手によって楽園の東で、すべての儀礼に従い、フリーメーソンの資格を与えられたはじめての人類だというのだ。

さらに、古代のフリーメーソンの伝承では、「大地が創り出される以前から、フリーメーソンはさまざまな太陽系をめぐって存在していた」と、宇宙にまで起源をさかのぼる説まで登場する。

こうなると、フリーメーソンとは人間の組織ではなく、宇宙エネルギーそのものだということになる。

いずれにしても人間の営む組織である以上、現実的な起源があるはずである。そこで本章では、フリーメーソンの起源と歴史、そしてなぜ急激に世界的な組織に成長したのか、その謎に迫ることにしよう。

「起源の謎」に迫る

フリーメーソンの起源についてはさまざまな説がある。本書では巷間ささやかれている代表的な六つの説をご紹介しよう。

【起源説1】石工職人ギルド説

「freemason（フリーメーソン）」という名前を直訳すると、「free」＝自由、「mason」＝石工、つまり「自由な石工」ということになる。

そこから、この説が有力視されている。どういうことか。

ヨーロッパの建築物は石造りが基本で、城、城壁、教会、そのどれもが「石」でできており、道路や水道、橋までもが石造りである。

いってみれば、日本では木が尊重されてきたように、ヨーロッパでは、

「石」は国の最重要建造素材であり、それを高度な技術で扱う石工職人たちは重要な人材だとみなされてきたのだ。その石工職人たちこそ、フリーメーソンだとされる。

具体的には一三六〇年、イギリス、ウィンザー宮殿の建造の際に徴用された五六八人の石工職人たちが、数百年にわたるゴシック建築のプロジェクトを遂行しようとしたときに、自分たちの権利・技術・知識が他の職人に渡らないようにロッジで暗号を使用したのがはじまり。

中世ヨーロッパにおいて、同業者たちは「ギルド」と呼ばれる相互扶助の組織を築き、自分たちの利益や技術、そして知識を守っていた。そのうち、教会や聖堂などの建設に従事したのが、石工職人のギルドである。

彼らは、それぞれの技量に応じた階級を持っていた。あらかじめ試験を行い、その結果をみて個々に資格が与えられたのだ。

石工職人の資格は、マスター（親方）、フェロー・クラフト（職人）、エンタード・アプレンティス（徒弟）の三つで、これはフリーメーソンの階級の原形である。

彼らの場合は、階級が上がるたび、賃金は二倍、三倍にも跳ね上がった。ただし、徒弟から親方になるまでに、数十年はかかったといわれる。

先にfreeを「自由」と訳したが、実際にはfreeには「免除」といった意味合いがある。前述のとおり、石工たちは国にとって重要な人材だった。彼らがいなければ、城はおろか城壁ひとつ造ることができない。

そこで、国王は、彼らに税金の免除をはじめさまざまな特権を与え、彼らを庇護《ひご》した。彼らは、あらゆる制約から解放される、という特権を得た上流階級だったのである。

たとえば、多くの人々が土地に縛られていた封建制の時代にあって、石工たちは自由に移動する権利を、教会や国家から認められていた。

ここから「freemason＝免除された石工」という説が生まれている。

先にも述べたとおり、フリーメーソンについての最初の記述があらわれるのは一四世紀になってからだ。

そこでやはり、中世にはコテや直角定規やコンパスを扱う職人からなる、職業的フリーメーソンが存在したのではないかと考えられている。これを「実務的（オペラティブ）」フリーメーソンという。これに対し、思想結社として衣替えした一八世紀はじめに生まれた近代メーソンを「思索的」フリーメーソンと呼んで区別していることも知っておきたい。

[起源説2]テンプル騎士団説

これについては、第5章でくわしく解説するので、概略を簡単に解説するにとどめたい。

一二〜一三世紀に、聖地エルサレムへの巡礼者の保護にあたった騎士修道士たちが、当時まだ名前すらなかったフリーメーソンに結びつけられた説である。

この騎士団起源説をさらに補強したのが、一一一八年、聖地エルサレムへの巡礼者の保護を目的として、フランスで結成されたテンプル騎士団の生き残りが創設した組織といわれている。

この組織のもともとの設立メンバーは九人の騎士だが、不思議なことに貿易や金融業で莫大な富と権力を有し、巨大組織となった。しかし一四世紀、当時のフランス王フィリップ四世の奸計《かんけい》により壊滅状態に追い込まれ、スコットランドに逃げ延びた騎士たちがその地で新たにつくった組織がフリーメーソンになったという説が、これである。

実はテンプル騎士団も、騎士領の館や城の建築者として名高かったのだ。だから当然、秘儀を伝承していたと考えられる、というのである。

【起源説3】ソロモン神殿建築家説

イスラエルにこのうえない繁栄をもたらしたソロモン王の最大の功績は、エルサレムに神殿を建立し、契約の箱を安置したことだろう。

その神殿は、七年の歳月をかけて造られ、しかも黄金で装飾された豪華なものであった。実はこの神殿を建設したのが石工で、彼らはソロモンの秘儀と奥義《おうぎ》を伝承し、後世に伝えるためにフリーメーソンを創設したといわれている。

これはフリーメーソン自身が主張している説で、起源は前述のように、三〇〇〇年以上昔のソロモン神殿建設までさかのぼる。ヒラム伝説のところでも述べたとおり、ソロモン神殿建設の際の棟梁ヒラム・アビフが、建築家たちを「親方」「職人」「徒弟」に分け、それぞれに秘密の合言葉を用いさせていたのが起源だという。

ちなみに、ソロモン王は、ダビデ王の息子で「知恵の王」と呼ばれている。というのも、夢のなかで神に好きなものを与えようといわれ、「ただ善と悪をわきまえる心」がほしいと願い、神から「知恵に満ちた賢明な心」と「富と栄光」を与えようと約束された人物なのである。

だが『列王記』によれば、「彼の心は父ダビデの心とは異なり、自分の神、主とひとつではなかった。ソロモンはシドン人の女神アシュトレト、アンモン人の憎むべき神ミルコムに従った」とあるように、異教の神に心を奪われてしまうのだ。

ちなみに、女神アシュトレトは、フェニキアの母神アシュタルテのことである。ここからも、フリーメーソンには、ソロモンと同じように女神信仰が許されていることがわかる。

【起源説4】近代設立説

一七一七年六月二四日、ロンドンではじめてグランド・ロッジが結成されたことを起源とするものである。

このグランド・ロッジの設立によりフリーメーソンは急成長し、その性格も職人的なメンバーから貴族や王家、知識人などの上流階級のメンバーに変わった。モーツアルトも、この時期にフリーメーソンに入会している。

【起源説5】ピラミッド建設石工集団説

エジプト考古最高評議会は、二〇一〇年一月一〇日、首都カイロ近郊のギザで、クフ王の大ピラミッドなどの建設に従事した労働者の墓を発見したと発表した。この墓は、奴隷《どれい》がピラミッドを建設したとする従来の説をくつがえす重要な資料だという。

考古最高評議会のザヒ・ハワス事務局長は、声明で「(労働者の)墓が王のピラミッドのそばに造られたということは、この人たちが奴隷ではなかったことを示している」と説明しているが、それを証明するように、墓の壁には「クフ王の友人」という文字が記されていたのである。つまり、当時の労働者は奴隷でなく、エリート階級の人々だったのだ。

まるでこのニュースをすでにあらかじめ知っていたかのように、フリーメーソンはピラミッドの建設者こそ「われわれの創始者たちである」と主張する。

たとえば、代表的なピラミッドというと、ギザの三大ピラミッドが真っ先にあげられる。クフ王のピラミッド、そしてカフラー王のピラミッド、メンカウラー王のピラミッドがそれで、世界の七不思議に数えられている。

これらのピラミッドに共通してみられる特徴は、いずれも正面が東を向いているということ。これは再生の象徴である太陽の光が差し込むという意図があるが、フリーメーソンのロッジも東を向くように建てられている。

また、ギザの三つのピラミッドは、フリーメーソンの階級の「親方」「職人」「徒弟」という三つに一致する。

そして、ピラミッドが造られた古代エジプト時代の神話に語られるオシリスの物語が、そこに折り重なってくる。

このエピソードにみられる「死と再生」の思想は、世界四大宗教の基本ともいわれるが、同時にフリーメーソン思想の中核をなす「魂の死と再生」にも奇妙に符合する。

ちなみに、ロッジの名称にはエジプトに由来するものが多い。日本で最初にロッジの集会を行った「スフィンクス・ロッジ」をはじめ、「ピラミッド・ロッジ」「ナイル・ロッジ」など、エジプトゆかりの単語をロッジ名に使用した例が実に多いのだ。

こうしたことから、フリーメーソンの起源を古代エジプトに求める説がささやかれている。

[起源説6]古代錬金術とカバラ起源説

のちに触れるアンダーソンのフリーメーソン憲章にも収められている一七三〇年に出版された著者不明の書物『メイスンリーの弁護』によると、錬金術やカバラ秘教などの古代世界の門外不出の知識や秘密の奥義が、長い年月にわたって石工によって守り伝えられてきたという。それをフリーメーソンが体系化したというのが、この説の根幹だ。

もともとルネサンス期イタリアの知の中心地は、フィレンツェだった。一四〇〇年代終わりごろには、この都市に錬金術とカバラの両方の伝統があったことが判明している。つまり、ここで活動していた石工たちが、その伝統を受け継いだのではないかとされている。

一方、カバラは、ユダヤ教の神秘思想である。そして錬金術とカバラの二つが結合して一つの哲学が生まれた。それは死後の魂の救済を求めるだけでなく、人間は生きている間にも精神や魂および霊の位階を上げることで、肉体世界から意識を保ったまま飛翔し、神の存在を体験できる、という。

こうした考えは、フリーメーソン思想にも導入されている。その結果、古代錬金術とカバラにその起源を求める説が浮上したのである。

以上、六つの説をご紹介したが、このほかにも数学者ピタゴラスを創始者とする説や、イギリスの哲学者フランシス・ベーコンが開祖であるという説など、種々さまざまな起源が唱えられている。

だが、いずれにしてもフリーメーソンの起源は、いまのところ、はっきりとしていない。しかし、権威づけを図るためには、伝説が長ければ長いほどいいわけである。

そこで、エジプトまでさかのぼるようになるのだが、筆者はヨーロッパを席巻《せっけん》したテンプル騎士団の流れを汲んだのがフリーメーソンの真実の姿ではないかとみている。

それは、中世のテンプル騎士団とつながりの深いスコットランドのロスリン礼拝堂をフリーメーソンが尊崇《そんすう》しているほか、スコットランド生まれのフリーメーソン、アンドルー・マイケル・ラムゼー騎士が一七三六年にこう語っていることからもわかる。

「世界中のキリスト教国から聖地に集まったわれわれの祖先の十字軍はすべての国々の人間を唯一の友愛団（フリーメーソン）に結集させようとしたのである」

ラムゼー自身が、この十字軍、すなわちテンプル騎士団こそ、フリーメーソンの源流であったと述べているのだ。

実際にフリーメーソンでは、第三三位階の参入式が次のように執《と》り行われている。

「最高位である第三三位階〈大監察総監〉の〈最高会議〉の場となったロッジには緋色《ひいろ》の幕が張られている。布には髑髏《どくろ》と十文字の骨の刺繍《ししゅう》がある。真ん中の深紅《しんく》色の布で覆われた四角の台座の上には、開かれた聖書と剣が置かれている。台座の北に立つ骸骨は左手にテンプル騎士団の白旗を掲げ、右手に短刀を振りかざしている」（F・T・B・クラヴェル『図解フリーメーソンの歴史』一八四三年）

つまり、テンプル騎士団がフリーメーソンの名誉ある三三位階に強い影響を及ぼしているのである。

ただし、いずれの説をとるにしても、石工の伝統と宗教、そして死と再生にもとづく神秘学がフリーメーソンの本質であることを知っておこう。

「歴史の謎」に迫る

職業集団から思想集団へ変身する

フリーメーソンの源流である中世の石工たちには、巨大なプロジェクトを成功させるには勇気に加えて信仰、そして何よりも堅固な建築学と幾何学の知識、そして規律が求められた。同時に石工はまた、王と教会に忠誠を誓わなければならなかった。

当時の石工は、すべてカトリック教徒であり、集会で神・キリスト・聖霊、処女マリア、諸聖人への祈りが捧げられていた。ちなみに、彼らは、建築術を「王の技法」と呼んだ。

ところが、石の建物は数百年は持つため、やがて飽和状態となり、それに従い優秀な石工たちも減少していった。

こうしたことから一七世紀になると、フリーメーソンのロッジに転機が訪れた。つまり、イギリスで建築に関係のない知識人、貴族、有力者がフリーメーソンに加入し始めたのだ。これらの新メンバーは、次第にロッジのなかで多数派を占めるようになり、ロッジは変貌した。これまでの技術者集団から異業種の社交の場に変化したのだ。その結果、フリーメーソンは、友愛団体に変身する。

彼らは、カトリックの正統教義の名のもとに、当時ほとんどかえりみられなかった錬金術や神秘思想のヘルメス主義、オカルティズムや秘教といった分野に情熱を注ぐようになった。その結果、フリーメーソンを思索的な思想結社に衣替えさせたのだ。

このようにして一八世紀のはじめに、実務的フリーメーソンから思索的フリーメーソンへの移行が完成した。

体質の入れ替わりは短期間で行われたが、実務的フリーメーソンである石工職人たちの道具、コンパスと直角定規は、組織のシンボルマークとしてそのまま使われるなど、石工職人時代の名残りはいまも受け継がれている。

最初のグランド・ロッジ設立――最高機関の発足

さて近代フリーメーソンの歴史は、一七一七年六月二四日、聖ヨハネの日にロンドンで初のグランド・ロッジが設立されたことに端を発する。

とてつもなく古い時代から集会を開いていたとされる「リンゴの木（アップル・トゥリー）」「冠（クラウン）」「大杯とブドウ（ラマー・アンド・グレイプス）」「鵞鳥《ガチョウ》と焼網《やきあみ》（グース・アンド・グリドアイアン）」の四つのロッジが、ロンドンのセント・ポールズ・チャーチヤードにある居酒屋「鵞鳥と焼き網」に集まり、最初のグランド・ロッジを設立した。

そして、アンソニー・セイヤーをグランド・マスターに選出した。先にもふれたようにマスターというのは、ロッジ運営の中心となる役職で、グランド・マスターはグランド・ロッジのマスターという意味だ。

翌一七一八年にジョージ・ペイン、翌々年には「近代フリーメーソンの父」と呼ばれるジャン・テオフィル・デザギュリエ（七〇ページ参照）が継ぐこととなる。

ここに公的で正式に認められたフリーメーソンの組織がはじめて誕生した。グランド・ロッジ設立以前は、フリーメーソンはまださほど大きな影響力を持たず、会員数もスコットランドとイングランドを合わせて七〇〇名あまりだったという。

だが、グランド・ロッジの設立を機に、加入者が激増した。四つだったプライベート・ロッジの数は一七三〇年までに七〇以上に増え、グランド・ロッジが統括する地域もイングランドの各地へと拡大した。

フリーメーソン憲章の登場

一七二一年、スコットランドの牧師ジェームズ・アンダーソンは、ロンドン・グランド・ロッジのグランド・マスターから新しい憲章を編纂《へんさん》するよう依頼された。

そこで彼は「ゴシック憲章」といわれる古代のフリーメーソン規約を下敷きに、草稿づくりにとりかかった。「近代フリーメーソンの父」と呼ばれるジャン・テオフィル・デザギュリエも、この編纂に尽力した。序文を執筆したのも、彼である。

彼らの作成した草稿は、多少の修正を施したうえで、一七二三年に「フリーメーソン憲章」として出版された。

フリーメーソンの基礎となったこの憲章では、フリーメーソンは「団結の中心」であり、「永遠に離れていたかもしれない人々の間に真の友情を結ぶ手段」と定義されている。

また、フリーメーソンでは天地創造をBC四〇〇四年の出来事とし、A.L.（Anno Lucis＝光の年）をつけて年代を記述する。だから、西暦二〇一〇年は、「A.L.6014」となる。

ちなみに、フリーメーソンのエリート中のエリートで構成するロイヤル・アーチ・メーソンの暦は、イスラエル王ゼルバベルによる第二神殿の建設開始を起点として、A.L.（発見の年）をつけて西暦に五三〇年をプラスする。

こうしたフリーメーソンの歴史・責務・通則などが規定されたこの新憲章は、その後のフリーメーソンの活動に大きな影響を与えることになる。

さらにここが重要なのだが、フリーメーソン憲章は、「すべての人が同意することのできる宗教」を提唱している。つまりフリーメーソンでは、博愛主義と宗教の多様性を認めているのだ。

もっといえば、さまざまな宗教がその枠組みを越え、互いの立場を認め合うといった寛容の精神が求められ、最終的に「真実で善良な人間」になることが理想として掲げられている。

しかし、こうした考え方がイエス・キリストを唯一神とするバチカンの逆《げき》鱗《りん》に触れることは容易に察しがつくだろう。

ちなみに、フリーメーソンは、神とキリストをそれぞれ「宇宙の偉大な建築者」と「教会の偉大な建築者」と呼んで明確に分けている。これについては第6章のニュートンのコーナーで詳細を述べることにしたい。

「近代フリーメーソンの父」デザギュリエの尽力

初期のフリーメーソンで大きな役割を演じたのは、繰り返すが、一七一九年に第三代グランド・マスターに就任したジャン・テオフィル・デザギュリエである。

デザギュリエは「近代フリーメーソンの父」と呼ばれ、ニュートンの親友だ。

ジャン・テオフィル・デザギュリエ

彼は、ラロシェル生まれのフランス人で、父はプロテスタントの牧師である。

もともとは母国での宗教的迫害を逃れてイギリスに渡った。そして、オックスフォード大学のクライスト・チャーチ・カレッジで自然科学を修めると、ニュートンの人脈によってロンドン王立協会の会員となることに成功。

一七一九年、第三代グランド・マスターに就任したデザギュリエは、ロッジから遠ざかっていた会員を積極的に呼び戻す一方、組織のステータスを上げるため新たに貴族を加入させるなどして、フリーメーソンの拡大と発展に力を尽くした。

また、王立協会の特別会員となったデザギュリエは、協会の人々をフリーメーソンに勧誘し、社会的権威の向上に努めている。

こうしたデザギュリエの活動の結果、四年後にモンタギュー公がグランド・マスターになると、貴族をトップに頂く団体としてフリーメーソンへの社会的関心が高まった。

フリーメーソン、大分裂！

ロンドンのグランド・ロッジの下で発展したフリーメーソンだったが、そもそもここは、貴族、富裕商人、知識人を対象に考えており、ロッジの指導者もこうした階級出身者に限定するようになっていたのだ。そのため、イギリスのロッジのなかには、ロンドンのグランド・ロッジの傘下に入るのを拒むところもあった。

とくにロンドンに住んでいたアイルランド人たちが猛反発した。

そこで一七五三年、ヨークのロッジが中心となって古代派グランド・ロッジが結成された。「古代派」は近代派の批判キャンペーンを次々と張っていく。たとえば、そのひとつは「近代派」のロンドン・グランド・ロッジの創設者がフリーメーソンの儀式を非キリスト教化し、聖人たちの祝日を無視したうえで、石工をフリーメーソンのルーツから切り離してしまったことなどがそうだ。

こうしたことから、古代派と近代派の分裂は決定的となり、一八一三年の公式和解まで二派の大分裂時代が続くのである。

「成長の謎」に迫る――

世界中に広まるフリーメーソン

実務的フリーメーソンの仕切る組織から思索的フリーメーソンの主導する友愛団体に変貌したフリーメーソン。その潮流は折からのイギリスブームに乗って、ヨーロッパ諸国、ロシア、アメリカ大陸、さらにはアフリカやアジアの植民地にまで広まった（ただし、植民地配下の人々の入会は認められていない）。

当時はまだ、民間人を対象とする国際的な互助組織がない時代だったので、会員であれば相互に助け合うというフリーメーソンは、政治的・社会的困難を抱えた人間にとって非常にありがたい存在だった。

たとえば、ウィーンのロッジに加入していたモーツアルトは、フリーメーソンのメンバーに借金の無心をするなど、助けをあおいでいる。

ただし、フリーメーソンが広まった時期は、絶対王政から啓蒙君主、市民革命へと政治的な激動が続く時代でもあった。だから、本章で繰り返すように特定の宗教を持たずに理性や自由・博愛の思想を掲げるフリーメーソンは、唯一信仰のカトリック教会などの宗教権力からは敵視されている。

イギリス王室からの入会が相次ぐ

一七一七年に近代フリーメーソンがイギリスで誕生して以来、フリーメーソンはイギリス王室とともに発展する。

なぜならグランド・ロッジ誕生の背後には、イギリス王室を最高権威とするイギリス国教会が控えていたからである。つまり、至高の権力を持つフリーメーソンの中枢組織グランド・ロッジを創設しようと考えたのはイギリス国教会だったのだ。

当然のようにそれ以後、王室からの入会者が相次いだ。

一七三七年、皇太子フレデリック・ルイスがロンドンのキュー宮殿で催された臨時ロッジでフリーメーソンに加入。フレデリック王子に続き、彼の三人の息子たちも相次いでフリーメーソンに加入した。

一七六二年には、ヨーク公であるエドワード・オーガスト、一七六六年にはグロウチェスター公のウィリアム・ヘンリー、その翌年にはカンバーランド公のヘンリー・フレデリックがフリーメーソンになった。

フレデリック王子の長男だった、のちのジョージ三世は、フリーメーソンに加入しなかったが、彼の息子ジョージ四世は王子時代の一七八七年、「オカジョナル・ロッジ」の会員となっている。

ジョージ四世のフリーメーソン加入は、イギリスのフリーメーソンを大きく発展させることになる。彼は王位に就くと、フリーメーソンの庇護者としてフリーメーソンに名誉と格式を与えたからだ。それ以降、イギリス王室そのものが代々、フリーメーソンへ加入することが一種のしきたりとなったのである。

しかもフリーメーソンの成長のウラには政治的・経済的バックボーンもあった。

一七世紀から一八世紀にかけて、イギリスは世界の中心となる。ライバルのオランダとの戦争に勝利し、相手の経済に打撃を与えて世界貿易の主導権を握ると、政治的にもいち早く議会政治を取り入れた。

また、物理学者ニュートンらを輩出するなど文化面での躍進も著しかった。

そして、ヨーロッパ各地でアングロマニア（イギリス崇拝）の動きが起きると、フリーメーソンの思想もイギリス啓蒙主義とともに、ヨーロッパ、そして世界各地へと広がりをみせる。

なお、イギリスのロッジのメンバーは、イギリス国教会やカトリック教会の高位聖職者も多く、キリスト教色が強かった。

フランスにもグランド・ロッジが誕生する

フランスにフリーメーソンの思想を紹介したのは、モンテスキューやヴォルテールだった。以後のフランスのフリーメーソンの動きは、実にダイナミックだ。フランス国内の分裂劇が一国にとどまらず、フリーメーソン史そのものを揺るがすことになったからだ。解説しよう。

フランスにフリーメーソンのロッジが設立されたのは、一七二五年ごろのことだ（イギリス人の手による）。ただ、一六八八年にはすでに、フランスにスコットランド系のカトリックのロッジがあったという説もある。イギリス国王ジェームズ二世のフランス亡命に随行した軍人によるロッジである。

いずれにしても、フランスの初期のロッジは、パリにあった。ロッジのメンバーは貴族、聖職者、ブルジョワだった。このころのフランスはイギリス崇拝に傾いており、フリーメーソンも歓迎され、受け入れられたのだ。

しかし、一七三七年、警視総監エローが、某ロッジの書類と品物を押収させ、それを調べた判事団がフリーメーソンの禁止を決定し、フリーメーソンの事務総長の逮捕に及んだ。その理由は、フリーメーソンの秘密主義、およびあらゆる宗教、階層、国籍の人々が集まっていたことなどである。

しかし、フランスのフリーメーソン禁止令は厳格に適用されたわけではなく、一七三八年には、フランス初の分派、フランス・グランド・ロッジが誕生する。

そのきっかけとなったのが、神秘主義への傾倒を強めていたマイケル・ラムゼイの動向だ。彼は、自らの思想にもとづいた改革案をロンドンのロッジに提出するが、新参者ということで却下される。

そこでラムゼイが目をつけたのがフランスだった。まだ産声《うぶごえ》をあげたばかりのフランス・フリーメーソンの改革に乗り出した彼は、「薔薇《ばら》十字団」の神秘術を導入し、独自の秘教フリーメーソン（スコッチ・メーソン）をつくりあげたのである。

のちに一七五一年にバチカンは、教皇ベネディクトゥス一四世がフリーメーソンの破門状を出したが、フランスでは大して効果がなかった。この破門状が議会によって公布されなかったため、ロッジに大勢いたカトリック教徒も聖職者も、教皇の破門状など意に介さなかったのである。

グランド・ロッジから分裂。フランス大東社（グラントリアン）発足

フリーメーソンでは集会において政治、宗教を論じることは禁止されていた。しかしフランス革命直前、カトリックの弾圧に対抗するためフランスで大東社（グラントリアン）が創設され、英米のフリーメーソンとは一線を画す活動を始めた。

具体的には、「宇宙の偉大な建築者」という具体的な神ではなく、人格や個性、感情を持たない理論的な神の存在を認めるという徹底した信教の自由を求めたのである。

一七七三年一〇月二二日、グランド・ロッジから分裂するかたちで発足した大東社は、前述のように政治活動を禁じた「正規派」の英米系ロッジとは異なり、政治活動に加わる者が多かった。

そのためフランス革命では、フリーメーソン思想との重大な関与が指摘さ

れている。これについてはのちにくわしく述べるが、この大東社はやがてフランスを拠点に政財官界に浸透し、カトリックの影響の強いラテン国家でも強い影響力を持つようになる。

さて、大東社の活動規定は、次のようなものだ。

一、集会での政治・宗教論議の自由化
一、グランド・マスターの合議制
一、女性の受け入れ
一、ロッジ内の聖典の自由選択

彼らは、一九世紀末から二〇世紀はじめにカトリックの勢力を削ぎ落とすため、政教分離運動を強く推進した。そのためバチカンとの対立が深まり、ついには一九〇四年、フランスはバチカンとの国交を断絶した（ちなみに現在、国交は回復している）。

大東社の最近の主な活動例としては一九六五年、アルジェリアの民族自決を認めるようド・ゴールに書簡を送ったほか、英米系のフリーメーソンが賛成したイラク戦争にも反対を表明している。

現在でも、フランスでは大東社系のフリーメーソンが最大勢力である。

フリーメーソンがフランス革命を成功に導いた⁉

イギリスからもたらされたフリーメーソンという制度・教義を、フランス国内の知識層は大歓迎した。これには二つの理由がある。①フリーメーソンが文化大国だったイギリスで生まれたこと、②王室などの支配階級の権力に対抗できる「自由、平等、兄弟愛」の思想を説いていたことなどがそうだ。

一七七三年には、前述の「フランス大東社」が発足し、グランド・ロッジ「グラン・ロージェ・ナショナル」に匹敵するロッジとなった。

そのほか、男女平等をうたった「混合大ロッジ」なども発足している。だが、やがて肥大化したロッジ間で内部分裂が起き、そのなかでフランス大東社が力をつけていった。そして、大東社の目指した封建制の打倒と共和制設立が、フランス革命で結実したのだ。

とくにフランス革命のスローガン「自由、平等、博愛」が、フリーメーソンの思想「自由、平等、兄弟愛」からきていることは有名だ。

彼らが主導したといわれる革命には多くのフリーメーソンが参加しており、たとえば、国民議会では三分の二がフリーメーソンだったといわれる。

なかでも、ミラボー、モンテスキュー、ロベスピエールの三人のフリーメーソンが重要な役割を果たしている。ミラボーは革命の政治的な指導者であり、モンテスキューは革命の思想的支柱となって絶対王政を批判した。

とりわけ過激派として知られるのがマクシミリアン・ロベスピエールだ。彼はその独裁的な恐怖政治で、自らに反対する者を次々とギロチン台へ送った。

ロベスピエールが所属していたフリーメーソン「結合する友」は、革命強硬派のロッジとして有名で、彼以外にも革命家オノーレ・ミラボーや、のちにナポレオンの義弟となる軍人ジョアシャン・ミュラも所属していた。

ちなみに、ロベスピエールは、革命時にもフリーメーソンの礼拝と儀式だけは欠かさなかったという。

革命後、彼はフランスの実権を握るまでになるが、やがて反対派が起こしたテルミドールのクーデターによって処刑された。

また、実際の戦闘においてもフランスのフリーメーソンはその組織力を発揮した。とくに「軍事ロッジ」の存在が革命の成功を決定づけている。というのも一三〇〇名あまりの将校や下士官からなる軍事ロッジが、民衆と結託して王政の打倒を実現させたのである。

さらに、フランス革命時に生まれたフランス国歌「ラ・マルセイエーズ」の作詞・作曲を手がけたルージェ・ド・リール大尉もまた、フリーメーソンだった。

そして、フランス革命とフリーメーソンのただならぬ関係が最もよく知られているのは、革命後の一七八九年に採択された「フランス人権宣言」で、その起草者は、フリーメーソンの革命家ラ・ファイエット。そのため、フランス人権宣言の記念碑の上部には、フリーメーソンのシンボルマークといわれる「全能の眼」が輝いている。

この記念碑には、ほかにもフリーメーソンのシンボルが刻まれている。たとえば、宣言文の中央、天を垂直に指す槍の上には円錐形のフリジア帽が載せられている図案がある。

この帽子は、古代ローマの奴隷解放に由来する民族の自由の象徴と考えられているが、実はフリーメーソンの革命のシンボルマークでもある。

記念碑にフリーメーソンのシンボルを刻むことで、フリーメーソンはフランス革命での暗躍をアピールしたのだ。

また、人権宣言採択後、憲法制定委員会は、フリーメーソンと長年暗闘を繰り返してきたカトリック教会を支配下に置くための「聖職者民事基本法」も採択している。これがフリーメーソンによる教会支配を決定づけるものとなったのである。

こうしたことから、フランス革命とは、王制とバチカンに対抗するための、いわばフリーメーソンによる戦争だったといわれている。

イタリアでは「集会」を禁止される

一七三八年、イタリアでは教皇クレメンス一二世がフリーメーソン破門の決定を下した。その理由はまず、いくつかの国でフリーメーソンの集会が禁止されていたことである。そして次に、宗教的理由をあげている。

つまり、フリーメーソンのロッジでは「あらゆる宗教、宗派」の人間が席を同じくする。それだけで、そこに参加するカトリック教徒はカトリックを裏切り「異端に奔《はし》った」とみたのである。

もっとも、真意はどうであっても、フリーメーソンのプロテスタント・メンバーやユダヤ教徒のメンバーなどと交流を行ううちに、カトリック教徒のメンバーの信仰そのものが変質しかねない。しかもフリーメーソンには独自の秘密があって、それを守る誓いを立てているとなれば、カトリックの教会やローマ教皇さえ裏切ることになるではないか。

こうした理由がフリーメーソン禁止の論拠だった。実に希薄なものである。しかし、次代教皇ベネディクトゥス一四世も一七五一年に、このクレメンス一二世の破門路線を継承した。というのも当時、ローマ教会は国際法廷の役割を果たしており、国家君主たちは、国家間で戦争を行っていても、最後はカトリックの名のもと、ローマ教皇の裁定を仰ぐなど、その影響力の下で動いていた。

ところが、フリーメーソンは、独自の情報網や君主たちとの対話の場を備えており、この時点でヨーロッパの一大勢力となりつつあったのだ。しかもローマ教会の勢力圏をしのぐ統一ヨーロッパを形成しつつある。もしかすると、彼らはローマ教皇の権威すら脅かす存在になるのではないか⁉

このことに危機感を抱いたローマ教皇が、先手を打ったのである。

ドイツでは、君主自ら普及に取り組む

一七三七年にドイツに入ったフリーメーソンは、燎原《りょうげん》の火のごとく広がっていった。その理由は、翌一七三八年、大王フリードリヒ二世が加入したためだ。

啓蒙専制君主の典型といわれたフリードリヒ二世は、フリーメーソンの思想普及に積極的に取り組んだ。そして一七四四年、各地のフリーメーソン・ロッジを統括するため、ドイツのグランド・ロッジとなる「三つの地球」を創設した。これにより、ドイツのフリーメーソンは中央集権的にまとまり、一気に勢力を拡大したのである。

ドイツのフリーメーソンには特徴がある。それは芸術分野を思想拡大の媒体として徹底的に利用したことだ。

たとえば、劇作家レッシングは、一七七一年にフリーメーソンに加わってから、数多くのフリーメーソン文学を残した。なかでも「フリーメーソンのための対話」という副題がついた『エルンストとファルク』が代表作である。

典型的な理性的合理主義者だったレッシングに対し、フリーメーソンの文学・哲学者ゲーテとヘルダーは、ロマン主義を推進した。彼らは自らの作品を通して、ロマン主義的なフリーメーソン思想を浸透させていったのだ。

またもうひとつの特徴は、ドイツで「イルミナティ」が誕生したことだろう。これはインゴルシュタット大学教授のアダム・ヴァイスハウプトが、一七七六年にバイエルンで創設したものだ。イルミナティについては後に解説したい（九三ページ参照）。

ピョートル大帝は、ロシア人初のフリーメーソンだった

ロシアで最初のロッジが創設されたのは一七三一年である。ロシア初のフリーメーソンは、イギリスで加入したピョートル大帝で、一七五〇年にはモスクワに大規模なロッジが設立されている。

その後、啓蒙思想に好意的なエカテリーナ二世がフリーメーソンを容認したことで、国内でさらにフリーメーソンの勢力が拡大する。しかし、各地で

ロッジ運営をめぐる争いが起こり、彼女はやむなく全ロッジの閉鎖を通達する。

エカテリーナ二世の後を継いだパーヴェル一世もまた、フリーメーソンを禁止したが、イギリスのフリーメーソンの息がかかった国内の有力者らによって暗殺された。

その後のアレクサンドル一世は、いったんはフリーメーソンの活動を許可したが、イタリアでのフリーメーソンの暴力的な革命を知って禁止令を発布。しかし一八二五年、彼もまた休養先で突然の死を遂げた。

ニコライ一世の治世においてもフリーメーソンは厳禁とされていたが、フリーメーソンは、その徹底した秘密主義によってロシア社会のウラで確実に勢力を伸ばしていったのである。

「薔薇十字団、イルミナティetc.との関係の謎」に迫る——

✺「薔薇十字団」との関係

フリーメーソンに大きな影響を与えたといわれる「薔薇十字団」という集団がある。薔薇十字団は、もともと主にドイツを中心に活動していたが、一六〇〇年代はじめに三冊の出版物を出したことで、はじめて世間の注目を集めるようになった。その三冊の書物を除くと、薔薇十字団が実際に会員を持つ集団として存在していたことを裏づける証拠はほとんどない。それだけ秘密が守られてきたわけだが、逆に衰退していく要因でもあった。つまり両刃の剣を抱え込んでいたのである。

ところが、薔薇十字団にとって強力な助っ人があらわれる。イギリスのロバート・フラッドがそうだ。彼がエジプトに源流を求める神秘思想、つまり薔薇十字思想の強力な推進者となったのである。

ロバート・フラッドは、フランシス・ベーコンらとともにジェイムス王から聖書の英訳を委託された学者のトップであった。

『ロスト・シンボル』は、次のように解説する。

「キリスト教が生まれる以前から、十字架は、古代エジプトで人と神の交わりの象徴として用いられていた。そして中央に点を打つと別な紋章が誕生する。点は薔薇を暗示するのだ。それこそが薔薇十字である。これはフリーメーソンで用いられる有名な象徴で、たとえば、スコティッシュ・ライトには〝薔薇十字の騎士〟という階級がある。また中世より知られる薔薇十字団は、フリーメーソンに大きな影響を与えたといわれている。

薔薇十字団のメンバーには、ルネサンス期に活躍した著名な人物――パラケルスス、フランシス・ベーコン、ロバート・フラッド、デカルト、パスカル、スピノザ、ニュートン、ライプニッツ――が名を連ねていた」

いずれにせよ、このようにして一六六〇年にはイギリスで王立協会、フリーメーソン、薔薇十字思想が一体化していくのである。

もっともフリーメーソンの伝承によれば、AD四六年に結成されたあるキリスト教の団体で、薔薇十字を象徴する紋章が使用され、のちにこの紋章がテンプル騎士団のそれに反映したと考えられている。そのキリスト教の団体こそがフリーメーソンの起源なのだという説もある。

つまり、こういうことだ。当時、エジプトのアレクサンドリアは秘儀活動のユートピアで、そこではユダヤ教やミトラ教、ゾロアスター教、ピュタゴラス派、ヘルメス思想、新プラトン学派、グノーシス派の教えが普及する一方、そのほかの無数の思想が融合し、混在していた。

こうしたなか、AD四六年、アレクサンドリアの賢人で、神秘主義者オルムスが六人の信奉者とともに、イエスの弟子によってキリスト教に帰依《きえ》したのである。先に述べたキリスト教の団体とはこれである。

その結果、初期キリスト教の教義と、さらに古い秘儀学派の教えが融合し、新しい神秘思想が誕生した。そして、薔薇十字思想を中核に据えたこの神秘思想こそがフリーメーソンの源流だというのだ。いずれにせよ、フリーメーソンには常に薔薇十字思想が底流に流れていることだけは確かだ。

科学者たちの秘密結社「イルミナティ」との関係

イルミナティとは「啓示を受けた者」のことで、これはローマ教皇の権能を否定したドイツのマルティン・ルターに端を発している。プロテスタントの流れを汲む科学者たちの組織であるイルミナティとフリーメーソンは、共にブラザー（兄弟）であると考えていた。

イルミナティが「光り輝く」という意味を持ち、フリーメーソンもまた光の神を崇拝しているように、両者は不可分の関係にあったが、歴史的背景はこういうことだ。

中世は、科学と宗教がせめぎ合っていた時期だった。カトリックは、ガリレオを迫害し宗教裁判にかけたように、仮説や研究それ自体が神を冒瀆《ぼうとく》する行為であると考え、科学を敵として扱ってきた。そこで科学者たちはカトリックの弾圧に対抗し、密かに地下組織を結成した。それがイルミナティである。そして、技術や知識といったものを守るためにつくられたフリーメーソンには、科学を受け入れる素地があったため、イルミナティの絶好の隠れ蓑《みの》として利用された。

カトリックは、彼らに味方したフリーメーソンも悪魔教、異端として闇に葬り去ろうとした。こうした歴史的背景が両者に共闘をもたらしたのだ。

さらにバチカンに対抗するため、イルミナティは流血を伴う過激な抗争に出ることもあり、「世界征服を企む陰謀組織」という誤解がキリスト教社会を中心に生じることになった。しかし近代化とともに科学が浸透していくと、イルミナティは存在理由も薄くなり、一八世紀には消滅していった。

ただ、自発的にイルミナティを名乗る連中が勝手に活動するケースもあり、一概に消滅したと断言することはできない。

「女性」との関係

フリーメーソンに入会できるのは青年男子に限ると説明したが、それでは女性会員は皆無《かいむ》かというとそうではない。女性に解放された結社もある。ただし、それは男性会員の妻や親族が中心である。

最初の女性メーソンは、アイルランドのドネレイル子爵アーサー・セント・レジャーの娘のエリザベス・セント・レジャーである。彼女は、一六九三年に生まれている。ある日、偶然父親が自宅のロッジで秘密裡に行っていた参入儀礼の内容を立ち聞きしてしまう。それに気づいたフリーメーソンの兄弟たちは、茫然自失の体《てい》で立ち尽くす。しばし善後策が協議されてから、エリザベスに沈黙を誓わせるため、立ち聞きされたのと同じ位階の参入儀礼を彼女に対して正式に施すことになる。

こうした前例もあって、アメリカでも一八五〇年ごろにケンタッキー州のロブ・モリスが、フリーメーソンとその女性親族を対象とする「東方の星

（イースタン・スター）」という女性のための結社を創設した。

「東方の星」が各地へと広まり定着すると、女性のために新たな儀礼を創出しようという動きがわき起こる。それは「ヨーク儀礼」や「古代公認スコットランド儀礼」のように、さまざまな位階や組織、人を組み合わせた女性のための儀礼であった。それが「アマランス」の結社において実現するのだ。

このほか「エリコのヒロイン」「ボーサン社交結社」「エルサレムの白廟」「ナイルの娘たち」などが次々と創設されている。

これらの組織や団体はいずれも、メンバーに社交活動の場を提供しており、慈善事業の分野でも相当な実績を上げている。たとえば「ナイルの娘たち」は一九二四年以降、三五〇〇万ドル以上にものぼる寄付金を「聖廟結社児童病院」に拠出している。

つまり、広義的にいえば、フリーメーソンは女性にも門戸を開いているのである。

「ユダヤ人」との関係

近代フリーメーソンが創設されて間もない頃。こんな言葉がロッジ内部でささやかれた。

「フリーメーソンの儀式や誓いの言葉は、キリスト教徒によってキリスト教徒のために立てられたものだ。だから、ユダヤ人はフリーメーソンには入れないだろうし、彼らも入らないだろう」

事実、新約聖書を認めないユダヤ人たちは、キリスト教徒のフリーメーソンにとっては好ましい存在ではなかった。

同時に、西暦七〇年にエルサレムがローマ軍によって攻略され、祖国を失ったユダヤ人に対する迫害や異端視は凄《すさ》まじいものだった。そうした風潮がフリーメーソンに影響を及ぼしていたのだ。そのため、長い間、ユダヤ人には門戸が開かれなかった。

ところが、のちにユダヤ人の人間性を認めたドイツのフランクフルトのロッジを皮切りに、次々に門戸を解放していく。ユダヤ人への差別を「自由、平等、「兄弟愛」に照らして不合理だと判断したのである。フリーメーソン側にとっても、連綿と受け継がれてきたユダヤ人たちの知恵や情報、商売におけるノウハウなどは無視できない魅力があった、というのもその一因である。

一方、ユダヤ人たちにとってロッジ内は唯一、差別を忘れることのできる場所だった。

彼らにとってフリーメーソンの一員であることが、身を守るためにひじょうに役立ったのだ。しかもフリーメーソンであることは、ひとかどの人物であることとの証明だった。

こうしたことから、ユダヤ人はフリーメーソン内で数を増やしていった。そのためフリーメーソンの思想的バックグラウンドに旧約聖書におけるソロモンの伝説などが入り込んだのではないかと推測されている。

というのも当初、フリーメーソンにいた石工職人たちの多くは、キリスト教以前の土着の宗教を信仰していたのである。彼らが急にソロモンの伝説をフリーメーソン内で認めるようになったとは考えにくい。だからこそ、そこに、旧約聖書の民・ユダヤ人たちの強い影響力があったと思われる。

そして、一九世紀はじめには、フランス革命がフリーメーソンとユダヤ人の陰謀であるという噂が流れるようになり、結果としてフリーメーソン＝ユダヤ人説が定着することになる。

たとえば、日本の読売新聞でも一九三五年八月一九日付で「ドイツ政府のフリーメーソン弾圧」の報道を行っているが、そこには『すべてのフリーメーソン（ユダヤ人の秘密結社）集会所の解散および財産没収令を発した』とあり、ユダヤ人の秘密結社がフリーメーソンだと誤って認識されていたことがわかる。

「反メーソン運動」との関係

先にふれたように、フリーメーソンは、世界支配を企む陰謀団体という見方が相変わらず根強い。慈善団体というイメージが浸透しているアメリカでも、かつて反フリーメーソン運動の嵐が吹き荒れた。

一九世紀はアメリカのフリーメーソンの拡大期だった。二〇世紀初頭にはすべての州にロッジがあった。

しかし、反フリーメーソン陣営の打ったキャンペーンのせいで、一八五〇年ごろまで会員数はあまり伸びなかった。そのきっかけが「モーガン事件」だ。

事件の主役、石工のウィリアム・モーガンは、ニューヨーク州バタビアのフリーメーソン・ロッジに属していた。しかし、自分の階級に満足しなかったせいだろうか、彼はフリーメーソンの秘儀を暴露すると豪語。一八二六年春、彼はデイヴィッド・ミラーという印刷業者と著書の出版に関する契約を結び、暴露本の出版を計画したのだ。ところが同年九月、ミラーの印刷所は火事に見舞われる。当然、フリーメーソンに放火の嫌疑がかけられた（原因は不明）。

一八二六年九月一一日、モーガンは、フリーメーソンのグランド・マスターであるニコラス・ケセブロに対する負債の件で逮捕される。翌日釈放されるが、彼は何者かに拉致され、二度とふたたび姿をあらわすことはなかった。

それから一年後、ナイアガラの滝近くから彼らしき遺体が発見され、遺体解剖の結果、モーガンではないと判明した。モーガンの遺体はいまだに不明だが、真偽は別にしても、当局は彼の拉致にフリーメーソンがかかわっているとして、六人のフリーメーソンを逮捕した。

このモーガン事件をきっかけにアメリカの政治家たちは、当時の社会・政治に不満を持つ民衆を「反メーソン」を旗印に結集させ、反メーソン党を結成した。反メーソンの気運が盛り上がったのは、当時のエリート層にフリーメーソンが多く、その反発が背後にあったからだ。

この反メーソン党は大統領候補を出すまでに成長したが、一八三三年ごろには停滞、徐々に縮小してほかの党に吸収されてしまう。

こうしたアメリカでの「フリーメーソン＝陰謀」のイメージは、広く海外の人々に伝わり、今日まで世界的に影響を与えている。

たとえばナチスは、フリーメーソンのロッジの装飾にユダヤの象徴やヘブライ文字が使われていることから、ユダヤ人とフリーメーソンによる陰謀を証明しようとした。ヒトラーは『シオンの長老の議定書』こそ両者の結託と陰謀を証明する動かぬ証拠と考えていた。

しかし、これは一九世紀末にフランスでつくられた偽書《ぎしょ》で、当時のユダヤ人の迫害・虐殺行為を正当化するため、帝政ロシア警察がつくったものであることが判明している。

ヒトラー、ムッソリーニ以外でも、すべてのファシズム国家は、反メーソンという態度をとっている。もちろん戦前の日本でも異国思想として敵対視されている。ちなみに、共産主義で唯一の例外は、キューバである。カストロ議長は一度もフリーメーソンを禁止していない。

第3章

フリーメーソン国家「アメリカ」は、こうして生まれた！

『ロスト・シンボル』の舞台はアメリカ合衆国。とりわけワシントンDCだ。ダン・ブラウンは、原書でこう描く。

「ワシントンの連邦議会議事堂の広間に置かれたピーター・ソロモンの切断された右手首。手首は人差し指と親指を上向きに伸ばし、残り三本の指を折り曲げる形で置かれていた。その手の親指には王冠、人差し指には星、残りの指にはそれぞれ太陽、角灯、鍵の刺青が入れられている。

親指と人差し指を上に向ける形は、古代より神秘の手と呼ばれ、限られた者だけが知ることのできる秘密の知識――古の神秘――を与えようという意味がこめられてきた。レオナルド・ダ・ヴィンチの〈最後の晩餐〉〈東方三博士の礼拝〉〈洗礼者聖ヨハネ〉などでも見ることができる意味ありげなものだ。かつて〈ロタンダ〉（連邦議会議事堂内部の部屋）に置かれていたジョージ・ワシントンの彫像も、右手の親指と人差し指を上に向けていた」

こうして事件は始まるのだが、では、なぜダン・ブラウンはアメリカを舞台に選んだのか。それはアメリカこそがフリーメーソンによって建設された国家だからである。本章ではその国生みの物語（もちろん実話であるが）に迫り、フリーメーソンとアメリカ建国の謎を解き明かすことにしよう。

「アメリカ独立・建国の謎」に迫る――

フリーメーソンがアメリカを独立に導いた

一八世紀にイギリスで誕生したフリーメーソンの思想が開花したのは、プロテスタントの国アメリカだった。『ロスト・シンボル』が描いているように、アメリカ建国の歴史の陰にはフリーメーソンの水面下における活動があった。

そもそもアメリカにフリーメーソンが進出したのは、一七二〇年代のことだ。本国イギリスのグランド・ロッジの指導のもと、植民地最初のロッジ「セントジョーンズ・ロッジ」がフィラデルフィアで活動を始めたのである。

そして、アメリカではじめてグランド・ロッジが結成されたのは、一七三三年のこと。ボストンの「ファースト・ロッジ」がそれで、ヘンリー・プライスが、グランド・マスターに就任し、植民地におけるフリーメーソンの拠点となった。その結果、ロッジ開設の勢いは拡大し、一七六〇年にはアメリカの一三植民地の各地にロッジがみられるようになった。

ロッジに集まったのは、ヨーロッパ同様、政治家や将校、企業家といった植民地の支配層だった。

彼らが、ロッジで交流や情報交換を図ることによって独立革命の機運が高まり、ロッジでその理念が練られた。

一八世紀後半、イギリスの植民地だったアメリカを独立へと導いた立役者は、ベンジャミン・フランクリンである。

アメリカ北部のロッジでグランド・マスターを務めていた彼は、支配国イギリスのロッジに出入りしていたときに、故郷アメリカの独立運動を耳にする。英米の関係悪化を察知するや否や、彼はフランスに渡り、現地の有力なフリーメーソンが集まる「九詩神のロッジ」に接触を図った。

哲学者エルヴェシウスが主宰する「九詩神のロッジ」は、当時のフランスの有力な知識人や聖職者が加入するひじょうに強大なロッジで、当然、政府との太いパイプも持っていた。

フランクリンは、このロッジに単身飛び込み、アメリカの自由を愛する気風といざ独立した際のフランスのメリットを説いて回り、多くのフリーメーソンの支持を集めた。

結局、これが米仏の条約締結の足がかりとなり、強大な後ろ盾を得たアメリカは、ついにイギリスからの独立を果たした。

つまり、フランクリンの政治手腕と、彼のフリーメーソンとしての地位がアメリカの、いや世界の歴史を動かしたのである。

ベンジャミン・フランクリン

初代大統領ワシントンはグランド・マスターだった

とりわけ、アメリカの歴代大統領にはフリーメーソンのメンバーが多い。初代大統領ジョージ・ワシントンは、一七五二年にフリーメーソンに加入している。一七八三年の独立戦争の指揮を執《と》った彼は、軍人で構成される「軍事ロッジ」に深く関与していた。

ジョージ・ワシントン

一七七八年にフィラデルフィアを攻略した際には、フリーメーソンの正装で勝利のパレードに参加した。また、翌年にはグランド・マスターにまで昇格。援軍として駆けつけたフランスのラ・ファイエット将軍に対してフリーメーソン加入の許可を与えて、自らがその参入儀式を執り行った。

ジョージ・ワシントンが一七八九年に初代大統領に就任すると、国務長官のトマス・ジェファーソンをはじめ、財務長官、陸軍長官、司法長官のすべてをフリーメーソンで固めている。そのほか、副大統領から最高裁判所長官、ホワイトハウスの設計者にいたるまでが、フリーメーソンのメンバーだったという。彼らは、公式の行事にも儀式用の礼服、フリーメーソンのシンボルをつけて参加した。

ちなみに、アメリカの建国にたずさわった前述のベンジャミン・フランクリン、ジョージ・ワシントンなど、「アメリカ建国の父」五六人のうち、実に五三人がその会員であったといわれている。

フリーメーソンだった歴代大統領は？

アメリカ大統領とフリーメーソンの結びつきは、実に太いものだった。歴代大統領四四名のうち一四名がそうだったといわれている。解説しよう。

たとえば、一七八九年四月三〇日に行われたワシントンの大統領就任式を仕切ったのがフリーメーソンだった。まず宣誓をしたのは、ニューヨーク・グランド・ロッジのグランド・マスター、ロバート・リヴィングストンであり、進行役もフリーメーソンのジェイコブ・モートン将軍が務め、ワシントンに随行したモーガン・ルイス将軍もフリーメーソンであった。

また、宣誓に用いられた聖書は、ニューヨークの「聖ヨハネ第一ロッジ」のものであった。

ワシントン大統領以外にも、「モンロー主義」を提唱した第五代大統領ジェームズ・モンローがいる。彼は、一七七五年にヴァージニア州の「ウィリアムズバーグ・ロッジ」でフリーメーソンに加入している。

また、第七代大統領のアンドリュー・ジャクソンは、一八〇〇年にテネシー州の「ハーモニー・ロッジ」でフリーメーソンに加入。もともと銀行家であったジャクソンは、チャリティに熱心で、「ジラード・チャリティ基金」を設けたり、貧しい孤児のためにジラード大学を設立している。つまり、フ

フリーメーソンだったアメリカ大統領…

第17代 アンドリュー・ジョンソン

第26代 セオドア・ルーズベルト

第33代 ハリー・トルーマン

第38代 ジェラルド・フォード

第40代 ロナルド・レーガンは名誉会員

第42代 ビル・クリントンは少年時代、支援を受けた

リーメーソンの慈善活動の一環なのである。そのほか、フリーメーソンだったアメリカ大統領には第一一代ジェイムズ・ポウク、第一五代ジェイムズ・ブキャナン、第一七代アンドリュー・ジョンソン、第二〇代ジェイムズ・ガーフィールド、第二五代ウィリアム・マッキンリーなどがいる。

また、第二六代セオドア・ルーズベルトは、ニューヨーク州オイスター・ベイの「マティンコック・ロッジ・№８０６」でフリーメーソンになっている。また第二七代ウィリアム・タフト、第二九代ウォーレン・ハーディング、第三二代のフランクリン・Ｄ・ルーズベルト、第三三代ハリー・トルーマン、第三八代ジェラルド・フォードなど、そうそうたるメンバーがいる。

さらに、レーガン大統領は、フリーメーソンの名誉会員であり、クリントン大統領も、少年時代フリーメーソンが後援しているティモレー結社に所属していた。こうした事実こそが、アメリカがフリーメーソン国家といわれる証《あかし》であろう。

「アメリカのシンボルの謎」に迫る――

ワシントン記念塔の謎

アメリカ初代大統領ジョージ・ワシントンの偉業を讃《たた》えるため、ワシントンDCに建立されたワシントン記念塔。『ロスト・シンボル』では、フリーメーソンの地図が示す、古の神秘の眠る場所として登場する。

原書のストーリーの一部はこうだ。

「ワシントンの中央に位置する、全長五五五フィート（一六六メートル）、重量三三〇〇ポンドの建造物。頂上にはアルミニウムの冠石がある。この建物もまた古代の神々に敬意を表し、エジプトのオベリスクを模して設計されている。

ピーターはラングドンを、記念塔の頂上へ導く。頂上からはフリーメーソンの伝承通り、螺旋《らせん》階段が下へと続いている。伝承では、暗闇から光へ導くその階段の先に、古の知恵の隠し場所があるという」

ここでいう古の知恵とは聖典のことだが、現在、ワシントンDCでは町の景観を守るため、高さ六メートル以上の建造物を建てることを法律で禁じているので、この塔が市内で最も高い建造物として知られている。

ワシントン記念塔

当初は、議事堂内部にワシントンの遺体を安置し、そこに大理石の記念碑を置くというものだった。しかし、ワシントンの神格化は、建国の思想である自由と平等の理念に反するという批判も起こった。そこで記念塔のアイデアが浮上したのだ。

このワシントン記念塔建立計画の要職に就いていたのはフリーメーソンであった。たとえば、企画したワシントンの盟友ジョン・マーシャル、設計を担当した建築家ロバート・ミルズ、そして塔の着工式を主宰したベンジャミン・フレンチたちがそうである。

「オベリスク」と呼ばれる塔の形状は、フリーメーソンの儀式に古代エジプトの神オシリスの密儀が用いられていたことからきている。

しかも、エジプト式のオベリスクは、その高さが底面の一辺の一〇倍でなければならないという説が採用されて、その高さが決定された。

途中、度重なる資金難や南北戦争の勃発にもかかわらず、記念塔は一八八四年に完成した。

ワシントン記念塔こそ、まさにアメリカを建国したのはフリーメーソンだ、という象徴であり、宣言である。

ジョージ・ワシントン・メソニック・ナショナルメモリアルの謎

現在、ジョージ・ワシントンがフリーメーソンだったことを記念して、バージニア州アレキサンドリアには「ジョージ・ワシントン・メソニック・ナショナルメモリアル」という、フリーメーソンの殿堂が建っている。この建物が完成したときの大統領は、三六代目のリンドン・B・ジョンソンで、彼もまたフリーメーソンのメンバーだった。

この建物内には、フリーメーソンだった歴代の大統領、政治家、財界人、軍人など、そうそうたるメンバーの絵が飾られている。

また、ここには、一ドルから一〇〇ドルまでの各種ドル紙幣も並べられている。紙幣に印刷された人物はすべてフリーメーソンだったからだ。一ドル紙幣のワシントン、二ドル紙幣のジェファーソンなど。

ここからも、フリーメーソンとアメリカとの深いつながりがわかる。

また、建物の中には、黄金の子牛像、ソロモンの神殿、アモンの像や黄金のネコのほか、フリーメーソンの儀式に使われた道具なども置かれている。

「ジョージ・ワシントン・メソニック・ナショナルメモリアル」こそ、まさにフリーメーソンの殿堂である。

ここには前述の展示物のほかに、一九六五年、ジェミニ五号に乗った宇宙飛行士のゴードン・クーパーのほか、エドウィン・オールドリン、エドガー・ミッチェル、ジェイムズ・アーウィンなど、NASAの英雄たちの写真も飾られている。

そもそもNASAのあるヒューストンは、フリーメーソンのメンバーだったテキサス軍司令官サミュエル・ヒューストンを記念して命名されたものである。ここからもNASAやアポロ計画にもフリーメーソンが密接にかかわっていたことがわかる。

ホワイトハウス、連邦議会議事堂の謎

一七九三年、ワシントンDCに建設された連邦議会議事堂。ここは、本章のリード文にも記したように『ロスト・シンボル』では事件の発端となる場

所であり、ラングドンが物語の最後に訪れる場所だ。

ワシントン大統領は、この議事堂の礎石式に堂々とフリーメーソンの儀式用礼服を着用し、胸にフリーメーソンの標章を下げて出席した。

もちろん、ここだけではない。前述のように、ホワイトハウスにもフリーメーソンの影がみえる。

一七九〇年にワシントンＤＣの設置が決定され、大統領官邸の設計もコンペによって行われた。そこで採用されたのはアイルランド生まれのフリーメーソン建築家ジェームズ・ホーバンのプランだった。

着工は一七九二年。八年後の一八〇〇年に完成したが、このころはまだ白い外壁を備えた外観ではなかった。ちなみに、すでに亡くなっていたワシントンに代わって、最初の入居者になったのは、第二代大統領ジョン・アダムスである。

さらに、その真向かいには、独立戦争の際にアメリカ側として参戦したフランスのフリーメーソン、ラ・ファイエット将軍の名をとった「ラ・ファイエット公園」がいまも位置している。

ほかにもアメリカには、フリーメーソンのシンボルが数多く建設されている。ふたたび『ロスト・シンボル』。暗号解読にトライするラングドンらが向かうのはテンプル会堂だ。『ロスト・シンボル』は次のように紹介している。

「テンプル会堂はワシントン北西地区に位置し、スコティッシュ・ライトの本部として知られている。

マウソロス王の霊廟を模して築かれたこの建物は、ピラミッド、スフィンクスなどエジプトを象徴するものに彩られている。また、建物にはそれぞれフリーメーソンの三三位階をあらわす三三フィートの柱が三三本用いられている」

フリーメーソンでは三三位階の人物はエリート中のエリートであり、神の如き境地に達した人として尊崇されているのである。

首都ワシントンDCの謎

『ロスト・シンボル』の重要な舞台だった首都ワシントンDCには、都市全体にフリーメーソンの紋章が刻まれているという説がある。

図6をご覧いただきたい。

ここにフリーメーソンの起源であるテンプル騎士団が使用した八角形の紋章がみえる。連邦議会議事堂（キャピトル・ヒル）とホワイトハウスが、幾何学模様の重要なポイントに位置している。

これは、もともと建築家のピエール・ランファンが考えたものであったが、その後、ワシントンとジェファーソンが、テンプル騎士団系フリーメーソンの紋章である特殊な十字架を包含する八角形になるように修正を加えたというのである。

◆図6　ワシントンDCとテンプル騎士団が使用した八角形の紋章

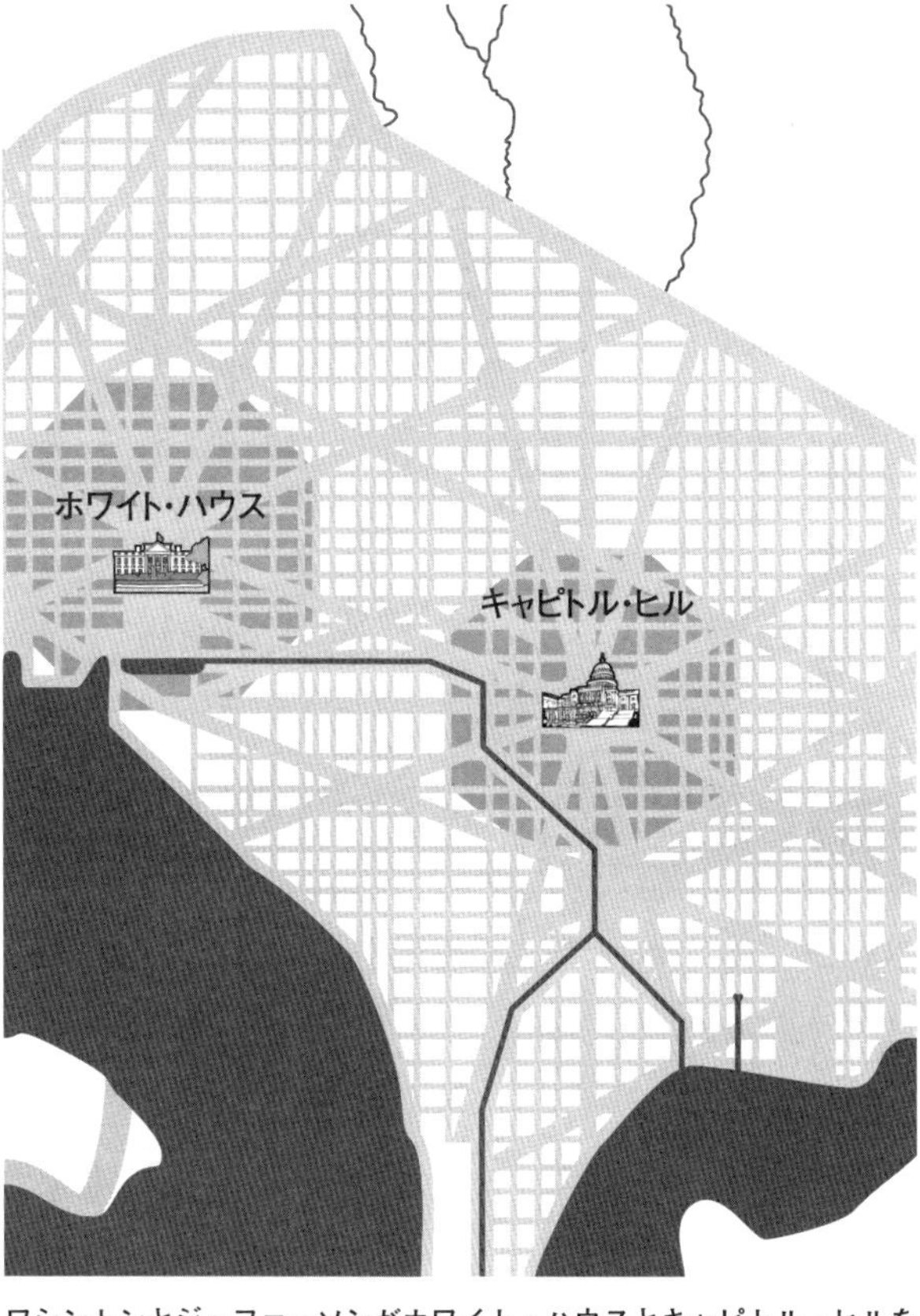

ワシントンとジェファーソンがホワイト・ハウスとキャピトル・ヒルを中心に上図のような八角形になるよう修正を加えた。

ところが、この説は、まさに〝都市伝説〟ではないかと識者からは一笑に付されている。

しかし、かつて日本でも江戸時代に、天海僧正が江戸の町に結界《けっかい》を張る（魔物を入れないように一定の地域を守ること）ように五芒星《ごぼうせい》（魔よけの呪《じゅ》符《ふ》）を封印したことがあるように、決して絵空事《えそらごと》ではないし、フリーメーソンの性格からいってワシントン全体を覆《おお》うように呪術的シンボルを封印したとしてもおかしくはない。

しかも地上だけではない。ワシントンの地下にもフリーメーソンのシンボルが封印されていると、『ロスト・シンボル』は言う。大まかに紹介すれば、こういうことだ。

「伝説によると、フリーメーソンは古の英知を守るため、ワシントンに秘密のピラミッドを築いたという。そのピラミッドは巨大で、頂きにあたる冠部は純金でできているという。

さらに伝説によれば、古の英知がふさわしい者の手に渡るよう、ピラミッドには暗号化された文字が記されているという。すなわちピラミッドは、古の神秘へと導く地図に相当する」

あくまで伝説だが、いずれにせよ、ワシントンDCはフリーメーソンにとってはアメリカ建国のメモリアルシティそのものなのである。

自由の女神の謎

「アメリカのシンボルは何か？」と聞かれて、自由の女神を思い出す人は多いだろう。だが「父なる神の子イエス・キリストという男神を信奉《しんぽう》するキリスト教国家になぜ女神像が？」と不思議に思われる方もいるのではないだろうか。

実は、このシンボルもフリーメーソンとかかわりがある。

これは、一八八六年アメリカの独立一〇〇周年を記念して、フランス政府を通じてフリーメーソンが寄贈したものだ。製作者は、フランスのフリーメーソンである彫刻家フレデリク・バルトディである。

彼は、自由の女神像に「自由」「平等」「博愛」というフリーメーソンの理念をまとわせている。女神像の右手にはたいまつ、左手には独立記念日が刻印された銘板を持ち、鎖と足かせを踏みつけたその姿は、あらゆる弾圧・抑圧からの解放を象徴している。

寄贈当時、女神の台座にはフリーメーソンの巨大なシンボル、五芒星と三日月が刻まれていた（ただし、現在は取り除かれている）。また、現在では像の下にある石版には定規、コンパス、そして神と幾何学をあらわす「G」を組み合わせたマークが描かれているが、これもフリーメーソンのシンボルである。

ちなみに、フリーメーソンにとってはエジプトの女神信仰がベースにあるため、女神崇拝も堂々と行われている。いずれにしても自由の女神は、フランスのフリーメーソンがアメリカのフリーメーソンに贈った兄弟の連帯と友情の証なのだ。

また、フランスからアメリカに女神像が贈られた三年後、フランス革命一〇〇周年を記念して、今度はパリに住むアメリカ人たちによって、自由の女神像が製作された。設計は、やはりフリーメーソンのバルトディが担当し、左手の銘板には、フランス革命のきっかけとなったバスティーユ牢獄襲撃の日付が刻まれている。

このように自由の女神像は、アメリカ独立のウラでフランスとアメリカのフリーメーソンの絆がいかに強固であったかをわれわれに教えてくれている。

「一ドル紙幣の謎」に迫る

一ドル紙幣には、フリーメーソンのシンボルマークが刻印されている

ＦＲＢ（連邦準備制度理事会）の発行する一ドル紙幣のウラ面には、階段式ピラミッドと、頂上の位置に「万物を見通す眼＝全能の眼」が描かれている（図７参照）。

このシンボルは、フリーメーソンとイルミナティ（九三ページ参照）に共通するもので、「万物を見通す眼」あるいは「ルシファーの眼」であるといわれている。ルシファーとは、ユダヤ教によれば理性の象徴で「光の天使」、キリスト教では神と対立し天界を追放され、神の敵対者となった「堕天使」「悪魔の王」とされている。

◆図7　1ドル紙幣に描かれた「全能の目」

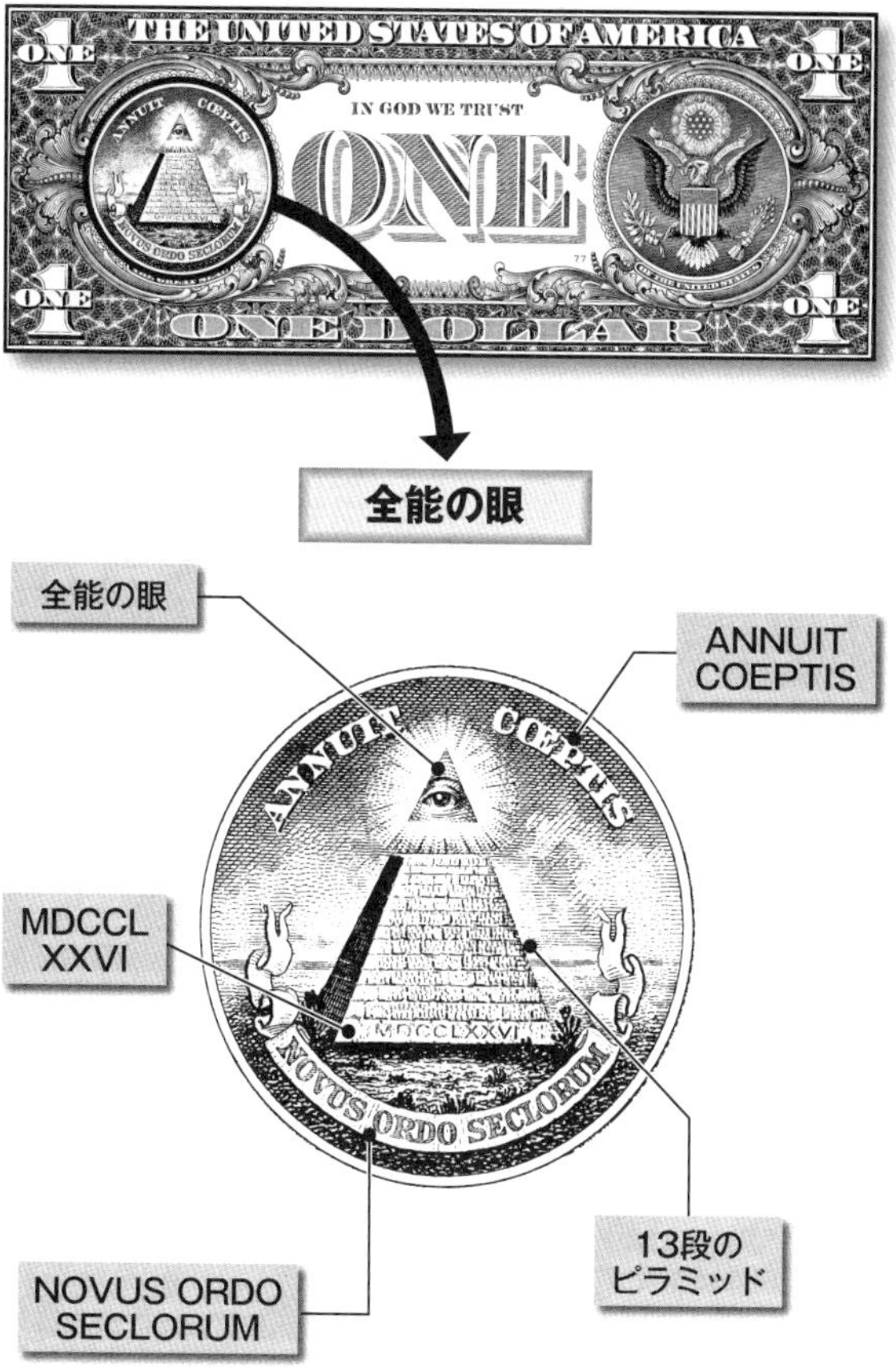

一七七五年、アメリカ独立戦争が勃発し、一年後には独立宣言が発表された。それと同時期に、新しい一ドル札のデザインを決める政府機関、紙幣委員会が設立される。委員会のなかには、フィラデルフィアの「セントジョーンズ・ロッジ」のフリーメーソン、ベンジャミン・フランクリンもいた。

一説によると委員会の半数以上がメンバーだったともいわれる。その頂点に立っていたのが、これまたフリーメーソンのワシントン大統領だった。

結成からまもなく、一ドル紙幣の新デザインのサンプルが紙幣委員会から議会に提出された。そのデザインサンプルこそ、フリーメーソンのマークのひとつ、「全能の眼」とピラミッドだった。

本来ならば、ピラミッドのようなエジプトのシンボルを紙幣に盛り込むことはありえない。ところが、議員の多くをフリーメーソンで固めた議会では、何の問題もなく承認された。

こうして、一ドル紙幣にフリーメーソンのシンボルマークが採用されたのである。

◆図８　ダビデの星

◆図９　「M·A·S·O·N」の文字が…

しかも『ロスト・シンボル』にも登場するように「全能の眼」のピラミッドの上にユダヤ人の印「ダビデの星」(図8参照)を描いてみると、「M・A・S・O・N」の文字が浮かんでくるという仕掛けも施されている(図9参照)。

なぜ一ドル紙幣に「13」が多用されているのか——ロイヤル・アーチ説

もう一度デザインをご覧いただきたい。ピラミッドの下部に「MDCCLXXVI」と書かれているが、これはローマ数字で、アメリカ独立の年、一七七六年を意味している。ピラミッドの底部にはラテン語で「NOVUS ORDO SECLORUM(多から一へ)」とある。一説によれば、これも世界政府をつくるために編み出されたフリーメーソンのスローガンだといわれている。

そして神は、そのアイデアに賛同しているという意味で、「ANNUIT COEPTIS(神は我らの企てに与し給えり)」という文字がきらめいている。

またピラミッドの階段は全部で一三段。右側の鷲《わし》の胴体のストライプは一三本。鷲が左右に握っている矢の数も一三本。右足に握っているオリーブの

◆図10　鷲の紋章

“栄光”をあらわす
13の星
13文字の
リボン
13本の矢
PLURIBUS
UNUM
13本の
ストライプ
13枚のオリーブの葉

葉の数も一三枚。さらに鷲の頭上の星の数も一三個（図10参照）。リボンに書かれた標語「E PLURIBUS UNUM」と「ANNUIT COEPTIS」の二つの言葉は、いずれも一三文字。一見、不吉な数字のオンパレードだ。

では、なぜこうしたシンボルは「13」なのであろうか。これには諸説ある。そのひとつが、当初アメリカ本土は一三州で構成されていたため、その数字にちなんだというもの。しかし、これは建て前で、真相は別だという。というのも、フリーメーソンでは「13」は一三位階（三一ページ参照）に通じ、これは「ロイヤル・アーチ・オブ・ソロモン」という神聖なる位なのである。一ドル紙幣に登場する「13」の数字は、このロイヤル・アーチを示し、独立を果たしたアメリカのフリーメーソンに対して「お前たちは選ばれたロイヤル・アーチだ」と賞讃しているというのである。

ちなみに、ロイヤル・アーチ・オブ・ソロモンには、イノックという男性を主人公にした逸話がある。

――善良な男だったイノックは、全身全霊で神を愛する。すると、彼は神から「誰にも告げてはいけない」と約束したうえで、神の秘密の名前を教えられる。そこで、彼は、イスラエル・カナンの地下深くに、その秘密の名前を刻んだ黄金の板を納めた。

数千年後、ソロモン王に雇われた三人の職人が、この神の名の記された黄金の板を発見する。

ソロモン王は職人たちに「ロイヤル・アーチ」という称号を与え、のちにフリーメーソンが一三位階の名称に使用したというものだ。

そう、一三位階とは、はじめて神の名前があきらかにされる重要な位階なのである。そこで一ドル紙幣に「13」という数字が多用されているというのである。

なぜ一ドル紙幣に「13」が多用されているのか——旧約聖書説

ロイヤル・アーチ説のほかにも、一ドル紙幣の「13」という数字にはイエス・キリストと一二使徒を加えたものであるという説がある。

また、フリーメーソンの源流とされるテンプル騎士団が教皇クレメンスによって一三日の金曜日に滅ぼされたという故事にもとづいており、ローマ教会への呪詛《じゅそ》として「13」という数字を多用したという説明もある。

さらに、旧約聖書の『創世記』第一三章が下敷きになっているという説がある。これは、かなり信憑性《しんぴょうせい》のある説だ。

というのも、この章はアブラハムと甥のロトが旅をしている途中、いさかいがあり、二手に分かれて旅を始めるというのがその内容なのだが、注目すべきは、ロトと別れたアブラハムに神が約束した次の言葉である。

「さあ、目を上げて、あなたがいる場所から東西南北を見渡しなさい。見えるかぎりの土地をすべて、わたしは永久にあなたとあなたの子孫に与える。あなたの子孫を大地の砂粒のようにする。大地の砂粒が数えきれないように、あなたの子孫も数えきれないであろう。さあ、この土地を縦横に歩き回るがよい。わたしは、それをあなたに与えるから」（『創世記』第一三章一四―一七）

つまり、神は、アブラハムに子孫の繁栄と広大な領土の獲得を約束しているのである。しかも『創世記』という物事のはじまりの書のなかでのことだ。「わたしは、それをあなたに与えるから」

アメリカ建国の立役者となったフリーメーソンにとって、これほど力強い神の宣言はないだろう。

したがって、アメリカ建国にあたって彼らは神の祝福を得るための一種の呪文、あるいは神への暗号という意味で「13」という数字を多用したのではないかというのである。そう考えれば、ピラミッドの上に全能の神の眼が輝いている図式も納得がいく。まさに神がフリーメーソンを賞賛、祝福しているデザインだ。ただし、こうした議論に対するフリーメーソン側の反論も付記しておこう。それは次のようなものだ。

まず「すべてを見通す眼」は、フリーメーソンでよく使われるが、決してフリーメーソン専用のシンボルではなく、ひじょうに古くからある「神をあらわす図像」である。新しい国家の建設を始めたアメリカ国民が神の導きに従うことを示唆《しさ》するために描かれたのだ。

また、ピラミッドもフリーメーソンのシンボルではない。未完成のピラミッドが一三段なのは、国璽《こくじ》（国家のしるしを刻んだ印章のこと）がデザインされた一八世紀末のアメリカが一三州だったことによる。「NOVUS ORDO SECLORUM」のほうは、実際は「世紀の新秩序」と訳すべきである。しかも、アメリカ国璽のデザインは、決して短期間で簡単にできあがったわけではなく、一七七六年から一七八二年にかけて別々の三つの委員会で検討されたものだ。そもそもは、委員会のトップは、モーセがエジプト脱出の際に行った葦の海が二つに割れた奇跡をデザイン化しようとしており、決してフリーメーソンの独断でできたものではない。

彼らはこう主張しているのだが、さて、あなたはどちらの説を信じるだろうか。

第4章

フリーメーソンの「暗号、シンボル」を見抜く！

「沈黙」と「秘密」こそ、フリーメーソンの掟《おきて》である。ただし、本来フリーメーソンの本当の秘密は、入会した人物にも告げられない。それを知るためには、ある暗号を少しずつ読み解きながら学んでいくより仕方がない、といわれている。その暗号こそが、フリーメーソンのシンボルマークである。

その一方で、独自のシンボル・マークとは、彼らにとっては、ブラザー（兄弟）との連帯感をあらわす重要な共有情報だ。

また、同時に聖なる言葉、神の啓示そのものなのである。

つまり、フリーメーソンの兄弟が宗教、哲学、政治思想の違いを越えるためのツールとして、このシンボルこそが、絆と団結力を与えているのだ。

同時に、シンボルには、フリーメーソンの理念や目標とするところが刷り込まれているため、一種の呪術の役割も果たしている。

ここでは『ロスト・シンボル』のなかでも登場したフリーメーソンのシンボルをわかりやすくご紹介することにしよう。

「シンボルの謎」に迫る

シンボルは五種類に分類される

フリーメーソンが独自のシンボル体系をつくりあげるのに使ったのは、大聖堂の建築師たちの道具である。

なぜなら、フリーメーソンは象徴化された道具を使って原石を「切り石」に変えるのだ。これは、すなわち自己を改善することを暗示している。そして切り石となることで、新しい人類の殿堂、よりよい社会の建設に参加することができるのである。

こうしたことからフリーメーソンでは、神を建築家にたとえて「宇宙の偉大な建築者」と呼んでいる。

この理念のもとに、一八世紀以降、さまざまな秘教（錬金術、薔薇十字団、カバラなど）やユダヤ教、キリスト教の伝統から借用されたシンボルが導入されてきたのである。こうしてできあがったシンボル体系は、次の五種類に分けられる。

① 図形による象徴
② オブジェによる象徴（衣服、装飾、家具など）
③ 音による象徴（合言葉、歓呼の声、太鼓）
④ 動作による象徴（フリーメーソンであることを示す合図、足取りなど）
⑤ 儀式による象徴

以上である。それでは個々のシンボルについて解説していこう。

フリーメーソンにおいて古代からの秘教は、石工たちの使った道具の形と使用法のなかに置き換えられ、暗示されていると考えられている。だからこそ、個々の建築道具は、人間の美徳と対応しているとされるのだ。

◆図11　フリーメーソンのシンボル

水準器、垂直儀

シニア・ウォーデンとジュニア・ウォーデンの徽章

槌、のみ、定規

徒弟の作業道具。未加工の切り石（自分）を超えるという意味がある

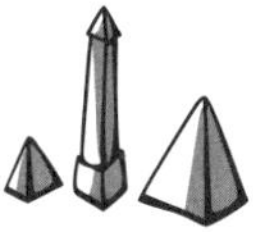

神殿

建築作業の目的・結果をあらわす

天使

神がいつもみていることをあらわす

救命ロープ

救済と慈愛をあらわす

アカシアの若葉

希望をあらわす

親方（マスター・メーソン）

第３位階。ソロモン王の柱廊での作業をあらわす

三角形

「宇宙の偉大な建築者」である神をあらわす

たとえば、コンパスは真理、直角定規は道徳、こては結束と友愛、槌は知識や知恵を象徴している。上向き三角形（コンパス）と下向き三角形（直角定規）の結合はダビデの星を形成し、男と女、陽と陰、天と地、精神と物質など世界の二元性の融和を表現している。

また、三角形は、前述の「宇宙の偉大な建築者」の象徴である。この「宇宙の偉大な建築者」という言葉も、最高の創造力をあらわすシンボルだ。これは全世界のフリーメーソンに共通のもので、あらゆる場所でみかけられる。フリーメーソンでは、「G」は至高の存在をあらわしており、神（GOD）と幾何学（geometry）の両方を意味する。

さらに三角や光り輝くデルタ、三つの点は三位一体のシンボルである。たとえば、三つの点は次のように使用される。

F∴――free（兄弟）をあらわす

G∴A∴D∴L――「宇宙の偉大な建築者」をあらわす

ところで、フリーメーソンのシンボルは、複雑な意味を持つ多重暗号になっていることが多い。たとえば、正規外のフリーメーソンにとっては前述の「宇宙の偉大な建築者」をあらわす三角形は神ではなく、精神のバランスの重要性をあらわしている図に解釈される。

「全能の眼」は何を意味するのか

フリーメーソンのシンボルとして、もうひとつ有名なもの、それは「全能の眼」である。

これは聖書の『詩篇』の三三章一八節に記された「見よ、主は御眼を注がれる。主を畏《おそ》れる人、主の慈《いつく》しみを待ち望む人に」などにちなんだものだといわれている。

このシンボルは、フリーメーソン固有のものではなく、古代エジプト時代からすでに使用され、「ホルスの眼」と呼ばれていた。ただし、あまりにフリーメーソンの影響が強いために、現在では、このシンボルそのものがフリーメーソンと一体となって受け止められている。

ちなみに「ホルス」とは、エジプト神話に登場する天空と太陽の神のことで、「ホルスの眼」は神が人類を見守っていることをあらわすシンボルとして、長く護符などに用いられてきた。

「暗号の謎」に迫る

メンバーだけが理解できる暗号が存在する

石工職人の三階級、つまり親方、職人、徒弟には、それぞれ秘密の暗号があった。その職人がどの階級に属し、どの程度の熟練度なのかが暗号によって即座にわかる仕組みになっていたのである。

また、暗号は、身分を証明するサインにもなった。

やがて、秘密の暗号を手に入れようとする外部の人間があらわれる。というのも、暗号さえ手に入れば賃金を得ることができるからだ。

それゆえ、石工職人たちは暗号を盗まれないよう徹底的に管理した。定期的に集会を開いては頻繁に暗号を変え、秘密を漏らした者には厳しい制裁を加えたのである。

◆図12 「徒弟」と「職人」の握手法

「ボアズ」と呼ばれる「徒弟」の握手

「ヤキン」と呼ばれる「職人」の握手

また、当初は単純だった暗号も、だんだんと複雑なものになっていった。

そのためフリーメーソンには、シンボルマーク以外にも会員相互に共有されている暗号がある。

たとえば、握手の際に上図のように指を動かし、サインをつくることで自分が会員であるという意思表示が可能になる。

また、会員だけにわかる暗号を会話に忍び込ませて、自分がフリーメーソンの会員だと自己紹介することもあるのだ。

「8×8の魔方陣」とは？

ここで『ロスト・シンボル』で登場する「8×8の魔方陣」についても解説しておこう。

魔方陣とは、正方形の方陣に数字を配置し、タテ、ヨコ、斜《なな》めのいずれの列についても、その数字の和が同じになるもののことである。

◆図13 「8×8の魔方陣」

52	61	4	13	20	29	36	45
14	3	62	51	46	35	30	19
53	60	5	12	21	28	37	44
11	6	59	54	43	38	27	22
55	58	7	10	23	26	39	42
9	8	57	56	41	40	25	24
50	63	2	15	18	31	34	47
16	1	64	49	48	33	32	17

「8×8」の魔方陣は、一七六九年にフリーメーソンの有名なメンバー、ベンジャミン・フランクリンが発表したもので、「The Order Eight Franklin Square」の名で知られている。

一般的には「Order Eight」と呼ばれる。

一五世紀末から一六世紀前半にかけて画

家・版画家として活躍したアルブレヒト・デューラーは、その作品にさまざまな秘密のメッセージを隠したが、彼もまたフリーメーソンのメンバーだったという説もある。

ちなみに、『ロスト・シンボル』に登場するのは、一五一四年に完成し、作品内に「1514」という数字が隠された「メランコリアI」と呼ばれる銅版画（本書のカバー裏参照）である。

◆図14　「メランコリアI」の魔方陣

16	3	2	13
5	10	11	8
9	6	7	12
4	15	14	1

「メランコリアI」には、憂うつにしずむ天使が描かれ、天使のまわりにはさまざまな謎めいたイメージ、たとえば、天秤、やつれた犬、大工道具、砂時計、釣り鐘、キューピッド、梯子などが配置され、そのなかには魔方陣も含まれている。

「メランコリアI」に描かれている魔方陣は、タテ、ヨコ、斜めだけでなく、四隅の数字の和までもが「34」になる。

魔方陣は「宇宙を支配する黄金率」とも呼ばれており、フリーメーソンにとっても追求すべき知恵であった。

たとえば、フリーメーソンとかかわりのあるゲーテの『ファウスト』に登場する次のような言葉がある。

「なんじ心うべし　一より十を作れ　二は去らしめよ　しかして三を直ちに作れ　さらばなんじは富まん　四を失え　五と六より　かく魔女は説く　七と八を作れ　さらば成就《じょうじゅ》せん　かくて九は一　十は零　これすなわち魔女の九九なり」（高橋健治訳）

これこそ「9×9の魔方陣」のつくり方だという説がある。

ちなみに、魔方陣は、日本においては陰陽道で使用され、護符として用いられてきた。

ピラミッドに記された「フリーメーソンの暗号」とは？

ところで、図15をご覧いただきたい。『ロスト・シンボル』でも登場する石のピラミッドに刻まれている一六個の記号である。これは、「フリーメーソンの暗号」として知られている。たしかに、この暗号は初期のフリーメーソンで用いられたが、いったん法則を知った者に対しては容易に解読されるため、次第に使われなくなった。

◆図15　16個の記号

◆図16　これは何と読むか？

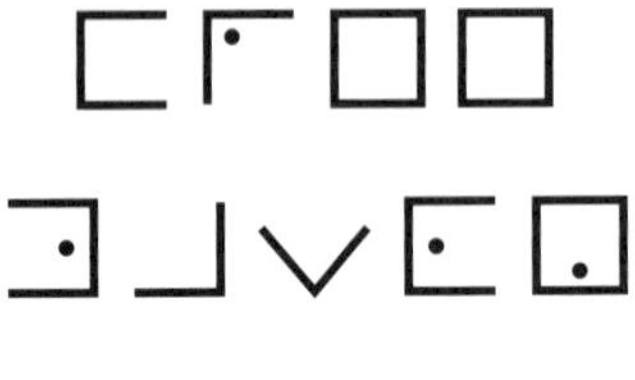

◆図17 キーリスト

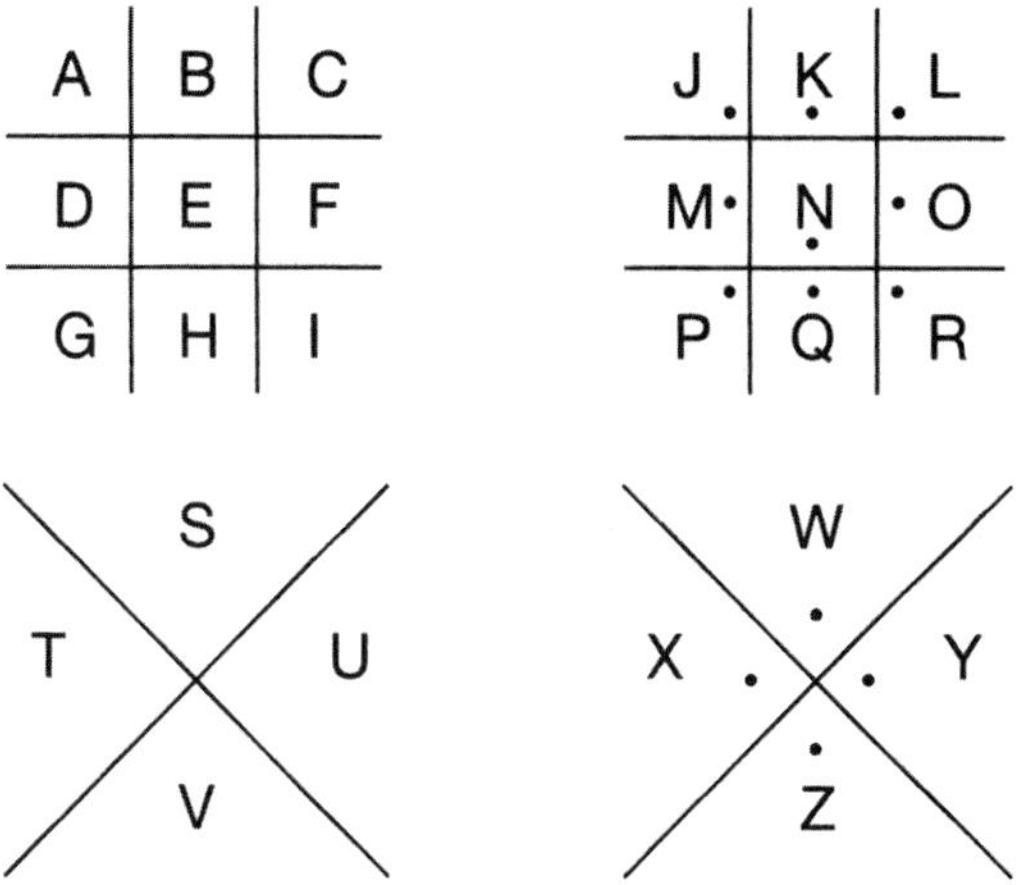

しかし、有名な暗号なので改めてご紹介しよう。

まず暗号クイズをひとつ。図16をご覧いただこう。

さて、この暗号、どのように解読すればよいのだろうか。

正解をお教えしよう。

実はフリーメーソンのメンバーに共有されている〝キーリスト〟がある。それが図17だ。

キーリストは線を引いて区切った〝囲い〟にアルファベットを順に書き出したもので、四つあるリストのうち二つには、キーの書かれた囲いのなかに点が打たれている。

これらキーのなかから、暗号と同じかたちをみつけるのだ。

では、キーリストにしたがって、この暗号を解読してみよう。

まず└と同じかたちは、リストのなかのFということになる。

次に┌・と同じかたち、つまり囲い枠の左上の角に点があるかたちは、リストのなかのRということになる。

同様に、□はリストのEということだ。

このようにして、暗号をキーリストにあてはめていくことで、文字を探り当てていく。

すると、図16の暗号解読結果は『FREE MASON』になるわけだ。

『ロスト・シンボル』に登場する暗号は、図形をより多くしているため複雑に思えるが、解読の原理はまったく同じである。

「偉大な芸術家の謎」に迫る――

シェイクスピアは実在しなかった⁉

世界で最も有名な作家シェイクスピアには謎が多い。一五六四年から一六一六年までイギリスで活躍した彼には一通の手紙、原稿あるいは日記はもちろん、その人柄や行動を伝える記録もほとんど残っていない。

――両親や娘が文盲《もんもう》で、田舎の中学しか出ておらず、そのうえ一度もイギリス国外に出た記録がない。しかも自分自身の名前のスペルを間違って書き残していたことなど、該博《がいはく》な知識がなければものにできない作品を次々に発表し続けたわりには、おおよそ、その天才性とかけ離れた逸話ばかりだ。

こうした理由から、シェイクスピアの作品は、エリザベス女王が知識人グループをつくり、彼らに作品を書かせたのであり、シェイクスピアの名前はペンネームにすぎないなどという説が、古くからまことしやかにささやかれてきた。そのような説のなかでも根強く支持されてきたのが、シェイクスピア＝フランシス・ベーコン説だろう。

フランシス・ベーコンは、シェイクスピアとほぼ同年代にあたる一五六一年に生まれ、一六二六年までイギリスで活躍した大哲学者である。しかも、近代暗号術の創始者にして科学者であったという、まさに知識人の最高峰にいた人物だ。もちろん、薔薇《ばら》十字思想に関与している。

したがって、彼ならシェイクスピアが発表した作品を執筆していてもおかしくはないだろうというのだ。そこで浮上したのが、フランシス・ベーコンがシェイクスピアであるという痕跡を残すため、暗号を忍ばせているのではないかという説である。

第二次世界大戦において日本側の暗号解読に成功したフリードマンも、こうしたシェイクスピアの暗号にとりつかれた一人である。

彼が一時期働いていた研究所のオーナーのジョージ・ファビアンという人

物が、どうしても「シェイクスピア＝ベーコン説」を立証したいと何人かの研究家を集めて暗号解読にのり出した。フリードマンもそのなかの一人だった。そして、彼らが解読した暗号のひとつに次のようなものがあった。それは、シェイクスピアの処女作『恋の骨折り損』である。

この作品の第五幕第一場のなかに出てくる、「honorificabilitudinitatibus（ホノリフィカビリトゥディニタティブス）」という「面目《めんぼく》」をあらわす長い単語に、実は暗号が隠されており、アナグラムの手法で解読したときに、その正体があらわれるというのである。

ご存知のようにアナグラムは、文字の順番を並べ替える暗号解読方法だが、この単語にそれを施すと次のような文章が完成するという。

「Hiludi F・Baconis nati tuti orbi」

これをラテン語に訳すと「これらの戯曲は、フランシス・ベーコンのつくりて世に残すものなり」という意味になるというのだ。

またこういう説もある。くわしい解読法は紙幅の関係で割愛するが、この長い単語をやはりアナグラムによって並べ替えると、次のような言葉が浮かびあがるという。

「If I cabalist, it honor, I unit Bud (i)」

訳すと、「もし私がカバリストなら、それは名誉なことであり、私は兄弟を組織する」となる。

規則的な文法に照らし合わせて助動詞がないことなどが指摘されるが、ともかくも、ある特殊な単語のなかでシェイクスピアは、自分がカバラ主義者であり、これから仲間を組織しようと思っている。そしてそれは名誉なことだと告白していることになるのだ。

カバラ主義者とは、ユダヤ教に古代から伝わる神秘学的な考え方を信奉するユダヤ教徒の流れをさす言葉だ。そして前述のようにフリーメーソンでは仲間のことを「ブラザー」と呼んでおり、英文の末尾にある「Bud」とはブラザーの俗称である。たしかに一七一七年にイギリスで誕生したのが近代フリーメーソンだが、それ以前から活動は行われている。

実は、フランシス・ベーコンは、ユダヤ教における密教ともいうべきカバラ神秘主義に通じており、秘密結社フリーメーソンにおける哲学派の一派を組織したと伝えられている。これは前述の「兄弟を組織する」とピタリ一致している。

となると、シェイクスピアの処女作に仕掛けられた暗号とは、ユダヤ教神秘主義者フランシス・ベーコンのフリーメーソンとしての告白と、その行動計画をあきらかにしたものだったということになりはしないだろうか。

では仮にシェイクスピアの正体がフリーメーソンのフランシス・ベーコンであったとすれば、彼はなぜ『ベニスの商人』を発表したのだろうか。これについては、次のように考えられる。

当時、農地の所有などが認められなかったユダヤ人が金融業者として隠然たる勢力を伸ばしている状況のもと、キリスト教信者を中心とした民衆のなかでユダヤ人に対する不満のエネルギーがくすぶり始めていた。

そのため彼らの不満を発散させるための、いわばガス抜きとしてつくられた作品ではなかったか。つまり、フリーメーソンによる情報操作である。たしかに、この作品によってユダヤ人の差別が助長されたという側面もあるが、この作品を目にすることで溜飲《りゅういん》を下げた人々がいたことも事実である。つまり、当時の世のなかの空気に刺激を与えつつ、それを収束させていくというフリーメーソンの巧妙な情報操作として発表されたのが『ベニスの商人』だったのではないだろうか。

世界の文豪と呼ばれるシェイクスピア像の、その中心にいたのがフリーメーソンのフランシス・ベーコンだったとすれば、『ベニスの商人』の持つ意味は一段と深く重いものになってくる。

ベートーベンの「運命」に仕掛けられた暗号とは?

ルートヴィヒ・ファン・ベートーベンがフリーメーソンだったとの証拠はないが、彼の知人にフリーメーソンが多かったのは確かである(モーツァルトと一七八七年に会っている)。また、作品や書簡にもフリーメーソン的と思われる部分がある。とりわけベートーベン＝フリーメーソン説を裏づける作品が、あの有名な交響曲第五番「運命」だといわれている。

実はこのなかに、ベートーベンは政治的暗号を仕掛けているというのだ。

この説を唱えたのは、イギリスの有名な指揮者ジョン・エリオット・ガーディナーである。彼によれば、実は「運命」はフランスの作曲家ケルビーニの合唱曲「パンテオン讃歌」と連動しているというのだ。

わかりやすくいえば「パンテオン讃歌」を小説の〝プロローグ〟だとすれば、ベートーベンの「運命」は〝エピローグ〟ということになる。

では、肝心の小説の〝テーマ〟は何か？ それは、フリーメーソンが仕掛けたといわれるフランス革命にほかならない。

というのも「運命」と「パンテオン讃歌」は、いくつかの楽器によって同じ旋律が繰り返されるパートが酷似している。

そしてここからが重要なのだが、「パンテオン讃歌」がつくられたのは、ちょうどフランス革命の真っ只中であり、歌詞にも「剣を手にとって、共和国のために死のう」という一節があるなど、いわばフランス市民を鼓舞《こぶ》し、革命を讃《たた》えるキャンペーンソングの一面が隠されている。実際、一九七四年に行われた革命の祭典で、この曲が市民によって大合唱されているのだ。

一方、フランス革命に共感して、ベートーベンが書き上げたのが交響曲第五番「運命」。

当時、ウィーンの貴族によって生活を支えられていたベートーベンは、王や貴族が打倒される革命を表だって讃えることはできなかった。

そこで、フリーメーソンだったベートーベンは、十数年前につくられた「パンテオン讃歌」の続編としてフランス革命を讃える「運命」を作曲し、フリーメーソンのメンバーだけにわかるように暗号化したというのである。

『ダ・ヴィンチ・コード』では文字どおりダ・ヴィンチの絵画の暗号が登場したが、音楽、とりわけクラシックの世界にも、フリーメーソンの暗号は封印されている。

第5章

フリーメーソンの源流
「テンプル騎士団」のベールを剥ぐ！

『ダ・ヴィンチ・コード』では、シオン修道会にスポットを当てたダン・ブラウンが、第三弾の『ロスト・シンボル』でフリーメーソンをメインテーマにしたのはなぜだろうか。

その答えを知るためには、やはりフリーメーソンの起源にさかのぼらねばならない。

なぜなら、シオン修道会から生まれたテンプル騎士団こそが、フリーメーソンの源流とされているからである。

そこで本章では、フリーメーソンの真実の起源に迫るため、テンプル騎士団のベールを剥《は》いでみたい。

もちろん、『ダ・ヴィンチ・コード』のおさらいの意味もあるが、テンプル騎士団こそ第1章でご紹介したいくつかの起源説の決定版だということがおわかりいただけるだろう。

「結成・強大化の謎」に迫る

テンプル騎士団結成の目的は何か

フリーメーソンとひじょうに深いかかわりのある騎士団がかつて存在した。盾《たて》と胸に赤十字を掲げ、白いマントを身にまとった「テンプル騎士団」だ。

一二世紀の有名な騎士団には、聖ヨハネ騎士団（ホスピタル騎士団）、ドイツ騎士団（チュートン騎士団）などがあるが、テンプル騎士団はそのなかでも最大規模のもので、全盛期には二万を超す騎士が所属していたといわれている。

テンプル騎士団は、一一一八年にフランスのシャンパーニュの貴族出身のユーグ・ド・パイヤンとその八人の仲間によって創設され、正式名称は「キリストの貧しき騎士修道会とソロモンの神殿」である。

結成の目的は「力の許すかぎり公道の通行の安全を確保し、巡礼者を守る」というものであった。当然、彼らは目的に従って、第一次十字軍後にヨーロッパから聖地エルサレムをめざして押し寄せるようにやってきた巡礼者たちを異教徒の妨害から守ったとされている。

やがてその規模・影響力は増大する。それというのも、騎士団の献身的な働きに感銘を受けたエルサレム国王ボードワン二世が、彼らを強力にバックアップしたからだ。

ボードワン二世は、資金面での援助とともに、かつてのソロモン神殿の一角を騎士団の宿舎として寄贈した。

そのため「テンプル騎士団」の名は、これに由来するといわれている。

さらに一種の警察権まで与えたことで、テンプル騎士団は徐々に軍事的性質を帯びた集団へと発展していく。

一一二四年、テンプル騎士団に「軍事宗教組織」という地位が与えられ、キリスト教の名のもとに軍事組織として認められるようになる。

これは当時初の試みで、イスラム教徒との戦いのためなら戦闘行為も許されたキリスト教組織として生まれかわる。

やがて一一二八年には、ローマ教皇の公認を得たのち、翌年には教皇直属の軍事組織として認定された。彼らには免税特権も与えられ、王侯貴族らの権力には介入されないほどのパワーを有するようになっていった。

軍事組織としても強大で、キリスト教に身も心も捧げたテンプル騎士団の勇猛さは、イスラム教徒からも恐れられるほどだったという。また、厳しい規律と清貧の思想に支えられた信仰心は、彼らの精神的支柱となっていた。

だが、その後の研究で巡礼者を守るために、というテンプル騎士団の結成理由は、単に表向きのものであることが判明している。というのも、創設メンバーだった九人の騎士たちは九年間、新人をまったく受け入れていないのである。

少なくとも毎日数千、数万人規模でやってくる巡礼者をたった九人でどうやって九年間も保護したというのだろう。

にもかかわらず、テンプル騎士団の本部は、エルサレム神殿の丘にある現在の岩のドームに置かれ、彼らはゴドフロワの甥のボードワン二世によって古代ソロモンの神殿の跡地に建てられた宿舎を自由に使うことが許されたのだった。

具体的にいえば、この場所はかつて二〇〇〇頭もの馬をつなぐことができたソロモンの厩舎《きゅうしゃ》跡で、たった九人の騎士たちはここに馬をつなぎ、ある密命を実行したという。それが神殿の発掘作業だった。

テンプル騎士団はイエスの秘密を握っていた⁉

ここでテンプル騎士団の足跡をたどってみよう。

結成から九年後の一一二七年。突然、彼らはローマに渡り、教皇ホノリウス二世に自分たちを公認するよう要請している。

その結果、前述のとおり、エルサレムからヨーロッパに凱旋した騎士団は、翌一一二八年にシャンパーニュ伯の首都トロワの宮殿に招集された教会の公会議で、ローマ教会の正式な宗教的軍事組織として承認されている。このとき騎士団のリーダーだったユーグ・ド・パイヤンには総長の称号が与えられている。

その年の暮れに、彼がイギリスを訪問すると、ヘンリー一世は驚くことに「大栄誉礼」で彼を迎えたのである。

このころから「キリストの民兵」と呼ばれるようになった彼らは、全員が白い外衣、または外套《がいとう》を着ることを義務づけ、捕虜になっても決して慈悲を乞うたり、釈放を哀願してはならないというルールを取り決めている。つまり、騎士団に入会して一度戦場に出れば、死ぬまで戦わなければならなかったのだ。

しかも、自分の所有物をすべて譲りわたすという厳しい掟があったにもかかわらず、全ヨーロッパの貴族の子息たちを中心にテンプル騎士団への入会希望者は殺到した。

その結果、公会議から一年後の一一二九年になると、騎士団の所有地はフランス、イギリス、スペイン、ポルトガルなど六カ国以上にまたがるようになった。

そして一〇年後の一一三九年、シトー修道院出身の教皇インノケンティウス二世の大勅書《だいちょくしょ》によって、「テンプル騎士団は自分自身が法となる」ことが認められ、同時に教皇を除いた、あらゆる権力に忠誠を誓う必要がなくなったのである。一言でいうと彼らは、実に短期間のうちに国際的な自治帝国そのものを構築することに成功したのだ。この信じ難い栄達は何をあらわしているのだろうか。

つまり、こういうことだ。

テンプル騎士団は、例の神殿発掘作業によって見事に財宝を掘り当て、これを確保したのである。

ローマ教会の敵、異端「カタリ派」との密接な関係

一一五三年に、テンプル騎士団の第四代総長に就任したのは、貴族のベル

トラン・ド・ブランシュフォールであった（ちなみに歴史家によっては第六代、第七代総長とする説もある）。彼は、南フランスにあるラングドック地方のレンヌ・ル・シャトーと、その周辺の土地を寄進して入会しているが、カトリックからみれば異端だったカタリ派ともつながっていたという。なかなかの実務者でテンプル騎士団を七階級組織に編制したうえで、フランスを中心とするヨーロッパ各国の首脳と積極的に交流した。

ところが一一五六年、テンプル騎士団は、そのベルトラン総長の指揮によってレンヌ・ル・シャトー近郊にドイツ人鉱夫のチームを派遣すると、厳しい監視体制のもと、土木工事を始めたのである。

やがて彼らは、レンヌ・ル・シャトーにソロモンの財宝を隠したのではないかと噂されるようになるが、その内容は今日、ある研究チームによると、イエスの結婚証明書や、その子どもの出生証明書、あるいは聖杯だったのではないかと推測されている。これは驚くべきことで、これが本当であればイエス人間説がゆるぎないものになり、ローマ教会は崩壊する。

さらに、この財宝の一部が前述の異端カタリ派の手にわたったのではないかというのである。

というのも当時のテンプル騎士団の名簿によれば、カタリ派の家系出身者がかなりの比率で要職を占めており、とくにラングドックのテンプル騎士団の幹部は、カトリックよりも異端カタリ派のほうが多かったという。

もっとも、第四代総長のベルトランがカタリ派の盟友であったとすれば、当然、異端のなかの異端といわれ警戒されていたカタリ派の一部にも、聖杯の情報が伝わっていたと思われる。

フランスを拠点にイスラムに急接近

このような歴史の闇とタブーを抱えながら、破竹の勢いで勢力を伸ばしたテンプル騎士団。彼らはユダヤ世界ばかりでなくイスラムにも接近し、全ヨーロッパから中東にかけて騎士団の支部を展開した。

ちなみに支部は「メゾン（＝館）」、支部長は司令を意味する「コマンドール」と呼ばれていた。

一三世紀末、騎士団の支部はヨーロッパ全域で九〇〇〇にもおよび、そのうち約三〇〇〇はフランスにあった。とりわけ南仏のプロヴァンス地方は、ある意味で彼らの拠点でもあった。

そして彼らは、ヨーロッパを中心にイスラム諸国の君主たちに膨大な資金を融資するようになった。

その結果、富裕な騎士や領主たちを巻き込み、世界最古ともいうべき国際的な銀行システムの構築に成功する。それは彼らが保有する莫大な財産を騎士団に預け、手数料を払ったうえで、彼らの運営する教会なり支部なりで引き出せるようにするという仕組みである。

それだけではなかった。

騎士たちは、ユダヤ、イスラム社会から思想、技術、医療、科学などの知識を吸収し、自らが情報センターの役割を担うようになった。

その結果として測量や地図の作成、道路建設、要塞建築、航海術も独占するようになり、ついには商船や海軍艦隊さえ保有したと伝えられている。

ところが「好事魔多し」で、ヨーロッパを中心に騎士団が繁栄を謳歌しているころ、奪回したはずのエルサレムはイスラムによって占領され、一二九一年にはほぼ完全に管轄下に置かれてしまうのである。

ここからテンプル騎士団の運命が一変する。

騎士団「崩壊の謎」に迫る

テンプル騎士団、不当弾圧により壊滅状態へ

「悲劇は、突然訪れる」という。テンプル騎士団の場合も例外ではなかった。一三〇七年一〇月一三日。フランスのフィリップ四世とクレメンス五世によって、フランスのテンプル騎士団の大半が逮捕され、その多くが拷問や火あぶりの刑に処せられた。そのため、かつてキリストの民兵を誇り、比類なき自治帝国となったテンプル騎士団は壊滅的な打撃をこうむるのである。

このとき彼らは、バフォメットといわれる魔獣崇拝や異教の偶像崇拝など異端的行為を繰り返していたと無理やり自白させられている。たとえば、テンプル騎士団の入団式で、騎士たちは「キリストは偽預言者で、おまえはまちがったものを信じている。キリストでなく天の神だけを信じなさい」と迫

られたという。また、別の騎士は「ユダヤ人が十字架につけたイエスという男が、おまえを救う神などと信じてはならない」と言われたという。

また別の騎士も、「偽預言者のキリストを信じるな、『高く居ます神』だけを信じるように」と教えられたのち、十字架像をみせられ、「このようなものを信仰するな」と指示されたと証言している。

こうした唯一神を持たないテンプル騎士団の思想は、フリーメーソンの至高の神の存在に相通じるところがある。さて、彼らの異端の教義を問題視した教皇クレメンス五世は「テンプル騎士団解散の勅令」を出し、弾圧されたため騎士団は表舞台から完全に姿を消したのである。

もっとも教皇にしても王にしても、テンプル騎士団の生み出した膨大な富と銀行システムのほうを問題視し、それを欲したというのが定説である。

だが騎士団が手にしていた財宝のほとんどは、壊滅前夜にフランスから運び出され、それらはイングランドかスコットランドに移されたという。そして、ここにフリーメーソンの起源を垣間《かいま》見ることができるのだ。

「近代フリーメーソン」の原型が創設される

前述のように、フィリップ四世とクレメンス五世の不当な弾圧によって壊滅状態に陥ったフランスのテンプル騎士団だが、そのすべてが処刑されたというわけではなかった。

一三〇七年一〇月、フランス系テンプル騎士団のオーヴェルニュ地方分団長ピエール・ドーモンは、二人の騎士長および五人の騎士とともに逃亡した。彼らは人にみつからないよう石工に扮し、船でドーバー海峡を渡り、イングランドの北にあるスコットランドへと逃れたのである。

スコットランドへ無事上陸した彼らは、ハンプトンコート大騎士長ジョージ・ハリスらと合流し、その地に新たな騎士団を設立しようと決心した。この騎士団がのちのフリーメーソンの原型となったのである。

当時のスコットランドは、イングランドとの紛争の真っ只中。スコットランドのテンプル騎士団もその戦闘に協力しており、フランス系テンプル騎士団も参加することになる。これは、スコットランド王のロバート一世としては願ってもない助力だった。

実戦経験豊富なテンプル騎士団は、スコットランド軍と比べてはるかに強力な戦力となった。しかも貞潔・清貧を順守しているので、よけいなトラブルを起こす恐れも少ないし、資金の管理能力もある。

その後、フランス系騎士たちの支援を得たスコットランド軍は、イングランド軍を打ち破り独立の道を歩むこととなる。

こうして、テンプル騎士団の残党たちは、一三一二年、聖ヨハネの祝日（六月二四日）に参事会を開いたのである。この会の席上、分団長ドーモンは「グラン・メートル（大親方）」の称号を与えられた。

そのうえで、彼らは迫害を避けるため、石工たちのやり方に倣《なら》って、合図のしるしと合言葉を決めた。なぜ石工に倣ったのか。それはこういうことだ。

かつてテンプル騎士団は築城に長《た》けており、お抱えの石工たちを使って城壁や要塞を建設していたのである。

そのためテンプル騎士団自身が、石工ギルドの後援者となり、職人や石工を保護していた。しかもヨーロッパにおいて彼らは巡礼者や商人、建築者、石工の安全通行も保証する道路の守護者でもあった。こうしたことからテンプル騎士団と石工たちは、組織的にみれば一体化していたのだ。

いずれにせよ、ドーモンらは晴れて「自由」になった。そこで自分たちのことを「自由にして受け入れられた石工たち」、つまりフリーメーソンと称したのである。

こうして近代フリーメーソンの原型がテンプル騎士団の残党によって創設されたという。

「ジャック・ド・モレーの呪い」を受け継いだ近代フリーメーソン

ところで、テンプル騎士団の歴史は、一三一四年三月、最後の総長ジャック・ド・モレーの火刑とともに幕を閉じている。弱火で焼かれる自分の体から立ちのぼる煙で息を詰まらせながら、ジャック・ド・モレーは「クレメンス教皇とフィリップ王は、一年以内に地獄へ落ちるだろう」と声を振り絞って呪いの言葉を発したといわれる。

驚くことに、それから一カ月もしないうちにクレメンス教皇は赤痢《せきり》で死亡し、そのあとを追うようにフィリップ王も死亡した（原因は不明である）。

それからほぼ四七〇年以上が経過して、テンプル騎士団の持つ錬金術などの秘儀は、前述のようにスコットランドでひそかに生き延びたあと、イギリスで再編された近代フリーメーソンに受け継がれていくのだ。

そして、彼らは、騎士団最後の総長ジャック・ド・モレーの呪いを実現させるために、フランス王家とローマ教会の転覆を企てるようになったという。それがフランス革命であった。

以上が、フリーメーソンの起源にまつわる真相といわれている。フリーメーソンのトップ三三位階の儀式に、テンプル騎士団が強い影響を与えているのはこのためである。

第6章

「天才ニュートン」はフリーメーソンだった⁉

『ロスト・シンボル』では、ラングドンは石のピラミッドから得た「Jeova Sanctus Unus」という暗号を解読し、一人の人物を導き出す。
「Jeova Sanctus Unus」という一六文字をアナグラムによって組み替えると、その人物の名前のラテン語表記となるのだ。ラテン語では、JはI、VはUと置き換えられるため、置き換えた一六文字を並び替えると、Isaacus Neutonuus、つまりアイザック・ニュートンとなる。偉大な科学者であり、ロンドン王立協会の一員であり、薔薇十字団員であるニュートンは、かつて自らの文書に「Jeova Sanctus Unus」という署名をしていたのだ。

このように『ロスト・シンボル』でも、ニュートンは、キーマンの一人として登場するが、その素顔はあまり知られていない。

天才の異名をほしいままにした彼は、『ダ・ヴィンチ・コード』でもシオン修道会の総長として紹介されるなど、秘儀秘教色の濃い人物であった。また聖書の研究家であると同時に、あらゆる宗教に通じていたといわれ、先にご紹介した薔薇十字団のボイルや「近代フリーメーソンの父」のデザギュリエにも多大な影響を受けたり、与えたりしたといわれている。つまりニュートンの言動を探れば、フリーメーソンの奥義にたどりつくことが可能なのである。

「素顔の謎」に迫る

ニュートンに錬金術の秘密を教えたのは誰か？

ここで、ニュートンの隠された素顔に迫ろう。

アイザック・ニュートンは、一六四二年にリンカーンシャー郡で生まれており、本人は自らの出自《しゅつじ》をフリーメーソンの起源と考えられている古代スコットランドの貴族と主張していた。

彼はケンブリッジで教育を受け、王立協会員に選出されたが、その次の年の一六七二年に、ロバート・ボイルと知り合っている。

この王立協会は、現在のイギリス国家科学アカデミーで、もともとはイギリス人のフリーメーソン、フランシス・ベーコン、同メンバーのロバート・ボイル、数学者で神秘主義者のジョン・ディーらによって創設されたのだが、彼らは秘密結社「薔薇十字団」のメンバーでもあった。

ニュートンはこのロバート・ボイルの影響をかなりの部分で受けることになるのだ。ここでこのロバート・ボイルという人物について紹介しておこう。

一六二七年に生まれたロバート・ボイルは、イートン校で教育を受けたが、そこの学寮長ヘンリー・ウットン卿は、パラティネート公国フリードヒの薔薇十字団の側近と密接な関係があった。

一六三九年、彼はヨーロッパに長い旅に出かけ、メディチ家のあるフィレンツェにもしばらく滞在しているが、そのメディチ家は教皇の圧力に対抗して秘儀主義者やガリレオら科学者に対して支援を続けていた。つまり、彼らはメディチ家の庇護《ひご》を受けていたのだ。そして約二年間過ごしたジュネーブでロバート・ボイルは、悪霊学などの多くの秘儀知識を学んだという。

実は、ニュートンに錬金術の秘密を教えたのは、このロバート・ボイルだといわれており、二人は定期的に会うと、錬金術について議論を交わしていたようである。また、ロバート・ボイルの影響もあって、ニュートンは当時、知識人の間で流行していた秘密結社「薔薇十字団」に関連した書物を愛読していた。ニュートンの書棚には秘密結社・薔薇十字団の宣言書や一〇〇冊以上の錬金術の書物が並んでいたといわれている。

一方、ボイルは、ジョン・ロックとも親友だった。ちなみに、このジョン・ロックは『ダ・ヴィンチ・コード』でも有名になった聖杯伝説の原郷である南フランスに長期にわたって滞在し、ノストラダムスとルネ・ダンジュ一の墓を訪れている。そこで前章でも登場した異端「カタリ派」について研究し、マグダラのマリアがマルセイユに聖杯を持ってきたという伝説を調査したのではないかといわれている。

さて、ロバート・ボイルは一六七五年と一六七七年、『水銀と金の加熱』と『金の劣化に関する歴史的解釈』という錬金術に関する論文を発表したが、一六九一年に亡くなるとき、自分の論文をニュートンとジョン・ロックの二人の親友に託している。

ニュートンとフリーメーソンとの切っても切れない関係

一六九六年、ニュートンは王立造幣局長として金の基準の決定を行い、一七〇三年には王立協会の会長に選ばれている。ニュートンが会長職についた直後から、王立協会とフリーメーソンが一体化するのである。先にご紹介したように、もともと王立協会の創設メンバーの二人は、フリーメーソンの有力なメンバーだったのだ。

さて、このころニュートンは、フランスから逃がれてきた若いプロテスタントで王立協会の実験評議員デザギュリエと親しくなっている。このデザギュリエは、前述したとおりフリーメーソンの全ヨーロッパ普及に当たった人物である。つまり「近代フリーメーソンの父」と呼ばれた人物だ。

ちなみに一七三一年、このデザギュリエは、ハーグのフリーメーソン本部の代表として、ヨーロッパの王子ロレーヌ公のフランソワがフリーメーソンに加わる儀式一切を取り仕切ったという。そして、この王子が、のちに神聖ローマ帝国の皇帝になったのである。

こうした交遊関係のなかでニュートン自身もフリーメーソンだったという記録はない（ちなみに、『ダ・ヴィンチ・コード』に登場したシオン修道会では総長だったという記録が残っている）。ただし、ほかの多数のフリーメーソン同様、彼はモーセよりもノアを秘儀の秘儀すなわち奥義を熟知していた人物とみていた。

また、彼は、当時のどの科学者よりも錬金術に傾倒しており、たとえばフリーメーソン同様に、ソロモン神殿の配置と寸法にこそ、錬金術の薬品調合の秘儀が隠されていると考えていた。

ただし、その傾向はトリニティ・カレッジ時代から始まっており、彼は週一回の光学講義を行いながら、大学の礼拝堂に接した小さな木造の建物でひそかに錬金術の実験を続けている。

アイザック・ニュートン

そこでは金属の交換、とくに鉄や銅を金、銀に換えるための試行錯誤が繰り返され、それと並行して神の領域に到達するために聖書の研究が積み重ねられた。そのとき、彼がイギリス国教会の弾圧を逃れるため、秘密裡に遺した文書群が、いわゆる「ニュートン極秘文書」としてごく最近発見されている。

ちなみに最近の説では、ニュートンの発見した万有引力とは実は錬金術の実験中、微粒子間の相互作用を観察したときに思いついたのが真相だといわれている。

実際、ニュートンの錬金術に関する秘密書簡が、前述のボイルやロック、ファティオ・ド・デュリスらと交わされており、彼らと同じようにカトリックが主張する三位一体の原理には強硬に反対し、イエスの神性にも疑問を抱いていたのである。

しかも、ニュートンは、具体的に三位一体の論破にも挑んでいる。たとえば『ヨハネの手紙』第五章六―八に次のような一節がある。

「この方は、水と血を通って来られた方、イエス・キリストです。水だけではなく、水と血とによって来られたのです。そして『霊』はこのことを証《あかし》する方です。『霊』は真理だからです。証するのは三者で『霊』と水と血です。この三者は一致しています」

これはカトリックにおいて、父・子・聖霊の三位一体の論拠となっている部分だが、ニュートンは次のように指摘する。

「『証するのは三者で〝霊〟と水と血です。この三者は一致しています』の部分は、ヒエロニムスが五世紀にヘブライ語聖書からラテン語訳をつくる際に勝手に自分の考えを挿入したに違いない」

つまり、三位一体の論拠は聖書にはないというのである。

ニュートンは亡くなる数週間前に、知人とともに自分の原稿や手紙が詰まった多数の箱を焼却している。焼かれずに済んだ文書もあるが、その文書群のひとつに先にも述べた極秘文書が隠されていた。このなかに「最後の審判」にかかわる秘儀が記された文書も存在しているのだ。

では、なぜ危険を冒してまで、ニュートンは機密事項を文書化したのか。それは、後世に伝えるためであると同時に、信頼できる人々に読んでもらうためでもある。もちろん、その文書をもとにして秘密の講義も行われたことだろう。事実、これらの秘密情報がフリーメーソンに多大な影響を与えていた、といわれているのだ。そのことは、これまで述べてきたとおり、フリーメーソンとの濃密な交流からも察することができる。

いかがだろうか。フリーメーソンの代表的な人物との交流と薔薇十字団などの秘儀研究。そして、反カトリック思想に極秘文書の執筆。こうしたことからも、ニュートンとフリーメーソンは、思想的に互いに共鳴し合っていた、ということがおわかりいただけるだろう。

「神に対する信条の謎」に迫る

ニュートンは断言した。「キリストは人だ！」と

先にニュートンとフリーメーソンは密接な関係があり、相互に影響を及ぼしていると述べた。反カトリックであることも。そこで、ニュートンのキリスト教に対する考え方をさらに追求していけば、フリーメーソンとイエス・キリストの関係も容易に理解できるということになりはしないだろうか。

実は一七一〇年から一七二〇年に書かれた『神とキリストに関するアイザック・ニュートンの一二の信条』という文書がケンブリッジのキングズ・カレッジに保管されている。この文書が書かれた年代は、ニュートンがシオン修道会の総長だった時期と重なっている。

もともとこれは、経済学者のケインズが入手したものだが、そこにはニュ

ートンの神に対する信条が列挙されている。このうち何カ条かをご紹介するが、実に驚くべきものである。

「第一条　父なる神はただ一人。永遠かつ遍在、全知全能の存在であり、天と地の創造者である。そして、神と人との仲介者は、人間イエス・キリストただ一人である」（傍線筆者）

ニュートンは断言する。「キリストは人間である！」と。

小説『ダ・ヴィンチ・コード』の洗礼を受けた日本人にとっては、まさに衝撃的な一節ではないか。そして、これこそがニュートンのキリスト教に対する信念だったのである。

そう、天才の仮面のひとつがはがれたのだ。なぜ彼が数学・物理学者のガウンを手放さなかったのか？　答えは、こうした彼の信念をカモフラージュするためであった。

「第二条　父とは目にみえざる神のことである。まだ誰もみたことがなく、いまもみることができない。ほかのすべての存在は、みえるときがある」

ニュートンは「父なる神は決して人間の目にはみえないのだ」と言う。だから、本来、これをイエス・キリスト像のように偶像化しようがないのである。

ここで大事なことは、ニュートンは神とイエス・キリストを明快に分けて考えていることだ。それは次の第九条を読めばよくわかる。

「第九条　われわれの仲介者であるキリストに祈る必要はない。父なる神に正しく祈れば、キリストはすぐにとりなしてくださる」（傍線筆者）

ニュートンはキリストに向かって神の名を呼ぶのはかまわないが、キリストを神の代わりに崇拝することは偶像崇拝であり、神の掟に反する行為だと断定しているのだ。

カトリックにとっては凄まじく刺激的な文言ではないか。

さらにニュートンは、第一〇条、第一一条を通じてこう言う。

「イエスよりも神ヤーウェに祈りを捧げるべきである。天使や王に神の称号を与えることは、戒律に違反しないが、天使や王を神ヤーウェのように崇拝することは神の掟に違反する」

つまり、イエスを神として崇拝することは、神の掟に違反した行為だと、ニュートンは定義してみせたのである。

こうしたニュートンの哲学は、フリーメーソンにも多大な影響を与えたと考えられている。つまり、彼らの思想的なバックボーンの一人にニュートンがいたのだ。だからこそ、バチカンは、天才であり世界的な影響力のあるニユートンと交流を持つフリーメーソンを敵視せざるを得なかったのである。

ニュートンが描く「最後の審判」とは？

人類の終わりの日がいつか訪れ、やがて神の世界に到達するという説は、あらゆる宗教や文明でかたちを変えて伝えられている。

たとえば『ロスト・シンボル』は、「最後の審判」について、こう紹介している。

最後の審判は、世の破滅ではなく「希望」を預言したものだ。ヒンドゥー教では「クリタ・ユガの時代」、ユダヤ教では「メシアの到来」、神智論者のあいだでは「新時代」という表現がそれだ。そしてキリスト教では、聖書の『黙示録』で、大いなる知恵があきらかにされることが預言されている。一般に「Apocalypse（黙示録）」は、世界の終わりを預言していると思われているが、本来はギリシャ語で「あきらかにする」という意味なのである。

そこで実際にフリーメーソンの聖典のひとつ新約聖書『ヨハネの黙示録』をみてみよう。『黙示録』はいう。

「終わりの日に海から上ってくる獣と地中から上ってくる獣、そして竜という三匹の怪物が三位一体を成し、666という暗号を身にまといつつ人類に最後の戦いを挑んでくる」と。

これまで、この三匹の怪物の正体をめぐってさまざまな解釈がなされてきた。なぜなら、これらの言葉は暗号そのものだからだ。そして、先ほどもご紹介した極秘文書のなかで、ニュートンは、次のように聖書の暗号を解読してみせた。

ローマのサン・ピエトロ大聖堂での教皇レオ三世によるフランク王国のカール大帝に対する戴冠があったＡＤ八〇〇年は歴史的にも重要な年で、これによって西ローマ帝国は復活した。

このときローマ教皇は、イエス・キリストの系譜につながるという秘密結社のプロデューサーであったメロヴィング朝を裏切り、カール大帝のカロリング朝と結託したのである。

そして、ローマ教皇は戴冠という手法によって西ローマ帝国皇帝のカールを民衆に拝ませたのだ。以来、海洋貿易の拠点になった良質の港町によって限りない繁栄をみた、かの西ローマ帝国が立ち上がったのだ。

ニュートンはこうした歴史的事実をふまえて聖書の暗号を解読してみせる。「海の獣とは西ローマ帝国で、それを拝むように強制する陸の獣とはローマ・カトリック教会、すなわちバチカンである。そして竜とはローマ帝国の継承者なのである」と。

さらに「陸の獣は、竜と力を合わせて時と法を変えようとたくらむ」そういう生き物だと『ヨハネの黙示録』はヒントをわれわれに与えている。

この時と法を変えるとはどういうことだろうか。

まず思い浮かぶのは、暦である。実は暦法の世界を探ると、まさに聖書の預言どおりのことが行われている。

というのも、ローマ帝国皇帝のカエサルは当時、学界の最高権威であったアレクサンドリアの天文学者の意見に従い、太陽暦を採用した。これを「ユリウス暦」という。

四世紀以後、ユリウス暦はキリスト教会に取り込まれ、キリスト教典礼を暦のなかに次々と定着させた結果、このユリウス暦がキリスト教化され、ついにキリスト教会によって支配される。

さらにキリスト教会は、日曜日を他の週日とはっきりと聖別し、週単位の時を支配する。

暦の研究者シャクリーヌ・ド・ブルゴリンは、その様子をこう指摘する。

「カエサルは、ローマの暦を政治的な道具にした。つまり、暦を使って最高権力者たる自分への賛美の念を高めようとしたのだ。そしてキリスト教会はこれを横取りし、手直しし、キリスト教のシンボルで埋め尽くされた教会暦をつくり上げた」

つまり、ローマ帝国がやったことと同じ手法を用いて、バチカンは暦と法を変えさせていったのである。

その後一五七五年、ローマ教皇グレゴリウス一三世が命じた暦法改革によってグレゴリオ暦は世界の共通の暦になる。

次にバチカンは、歴史そのものを支配しにかかった。主の年をあらわすAD（anno domini）の制定がそれだ。

そもそもこれは、六世紀にローマ教皇ヨハネス一世の命を受けた修道士のディオニシウスが、キリストの受肉《じゅにく》の年から数え始めることに決めたのがはじまりである。それが、かつてローマ帝国領土だったヨーロッパの国々に広まったのだ。いわゆる「カトリック暦」が、それである。

つまり、こうしてみていくと、まぎれもなく時と法は、いまもなおバチカンとかつてのローマ帝国を構成した国々によって支配されているのである。

そう「最後の審判」では、時と法を変える力を持った強大な権力者が人類を破滅に導くのである。

そこで、こうしたヒントを次々に解読していったニュートンは、その結果を極秘文書のなかで、密かにこう記した。

「海の獣は西ローマ帝国であり、陸の獣はローマ教会である。その獣に権威を与える竜とは本来ローマ帝国であるが、この場合、ローマ帝国の伝統をくんだ強大な国家を示唆している。したがって、将来、西ローマ帝国の末裔と、ローマ教会、ローマ帝国の伝統をくんだ強大な国家が人類を破滅に導くだろう」

ローマ教会とは、もちろんバチカンのことだ。そして666は、このトライアングルのなかから誕生するという。

では、ローマ帝国の系譜を引いた最強国家の竜と、西ローマ帝国の系譜を引く海の獣とは、どこだろうか。

筆者は、現在の国際情勢、軍事力、版図などから判断して、これをアメリカとEUではないかとみている。さらにこの二大強国に加えたバチカンの三者が、おそらくイスラム世界と世界最終戦争を引き起こすのではないか。ニュートンによれば、その日は二〇六〇年だというのである。

こうしたニュートンの最後の審判に関する見解が、フリーメーソンをバチカンとの徹底対決に向かわせたと考えられ、現在もそれはフリーメーソンの中枢に引き継がれているとみてさしつかえない。

第7章

日本こそ「もうひとつのロスト・シンボル」だ！

ダン・ブラウンの『ロスト・シンボル』によって、これまで闇の中にあったフリーメーソンが光を放ち、輝きを増す時代がやってきたのかもしれない。

これまで述べたとおり、彼らの根本原理のなかには、間違いなく聖書が存在している。そう、フリーメーソンと聖書は切っても切れない関係にある。

だからこそ、アメリカ一国だけで四〇〇万人ともいわれるフリーメーソンが存在するのだ。

だが、聖書とは無縁な日本において、フリーメーソンの活動はどうなのだろうか。

今後、日本も、彼らの戦略のなかに巻き込まれる可能性があるのだろうか。

そこで本章では、もうひとつのロスト・シンボルというテーマで、これまであまりふれられることのなかったフリーメーソンと日本の関係について謎解きを行い、日本の行く末について考えてみることにしよう。

「明治維新の謎」に迫る

フリーメーソンは、いつ日本に上陸したか

二〇〇七年のデータによると、日本では北は北海道、南は九州まで、二〇～二五のロッジが存在し、約二三〇〇人のメンバーが日本のグランド・ロッジに存在する。多くは在日米軍関係者で、そのうち「日本人は三〇〇人程度」といわれている。

ここで、フリーメーソンと日本のかかわりを大まかに振り返ってみよう。

フリーメーソンの日本進出は、一八〇四年長崎の出島に創設されたのが最初で、それ以前については、現在のところ正式な記録はない。

次にあらわれるのは、江戸末期、開国してからである。一八六〇年二月二

六日（安政七年二月五日）、横浜で攘夷派によってオランダ人船長W・デ・フォスと、商人N・デッケルが暗殺された。外国人たちは攘夷派への示威行動の意味もあり、できるだけ盛大に二人の葬儀を行おうとした。

このとき殺された二人は、フリーメーソンであるといわれており、外国人のフリーメーソンたちは、儀式用の正装であるエプロン着用で葬儀に臨んだ。これが日本におけるフリーメーソンの最初の記録だという。二人は横浜の外国人墓地に埋葬され、その墓は現存している。

坂本龍馬

海援隊の武器調達に一役買ったグラバーの正体は？

薩長同盟締結に奔走した坂本龍馬の海援隊が入手した武器は、長崎に居を構えたスコットランドの武器商人トーマス・ブレーク・グラバーが仲介しており、彼はフリーメーソンだったという説がある。しかし、彼がフリーメーソンだったという具体的な名簿などの証拠は内部資料として残ってはおらず、グラバーとフリーメーソンの関係は、いまのところまだはっきりしていない。

もっともトーマス・グラバーの資料の多くは現在、三菱が所有しており、非公開としているため、彼の実像に迫ることは困難をきわめるが、現存する資料のなかからグラバーなる人物を分析することは十分可能である。

前述のとおり、トーマス・グラバーは英国系スコットランド人であり、長崎では、近代日本に功績を残した人物として最も尊敬されている外国人の一人である。

トーマス・ブレーク・グラバー

彼は、一八三八年（天保九年）六月六日、スコットランドの小さな漁村フレーザーバラで生まれている。

父（トーマス・ベリー・グラバー）は、イングランド生まれの沿岸警備隊に勤務するイギリス海軍大尉だった。母は生粋《きっすい》のスコットランド人で、二人の間には七人の男の子と一人の女の子がいた。トーマスは五男坊で、下に弟二人と妹がいた。

彼が一二歳のとき、家族はスコットランド最大の漁業と造船の街であるアバディーンに移り住んだ。この地は、フリーメーソンのなかで最も古い「アバディーン・ロッジ」の活動が記されているほど、由緒ある土地でもあった。

父親がフリーメーソンだったかどうかは不明だが、海軍関係者にはフリーメーソンが多く、海軍大尉の地位からみてもメンバーだった可能性は少なからずあると考えられる。なぜなら、当時、海軍ではフリーメーソンに入会しなければ、出世できなかったからだ。

トーマス・グラバーが勤務したジャーディン・マセソン商会は、主にアヘン、生糸、お茶を取り扱い、香港にアジア本社をかまえる一方、上海にも大きな支店を開設していた。

トーマス・グラバーは、このジャーディン・マセソン商会の代理人として長崎にやってきたのだ。以上のプロフィールをふまえて考えてみたい。

まず彼がフリーメーソンであったかどうか。前にもふれたとおり、正式な記録としては残っていないが、親フリーメーソンであったことは間違いなく、エージェントとしての役割は十分果たしていたと思われる。

いずれにせよ彼は、大量の武器弾薬を薩摩に融通した。後払いのものも相当分含まれていた。だが、大政奉還によって大規模な国内戦争は起こらず、彼の目論見どおりにことは進まなかった。

そのため「薩長の負債を回収することをあきらめた彼は、明治元年になって徳川慶喜の助命嘆願を行ったことから、実は戦争を欲していなかった」といわれている。しかし、戦争によって軍事調達費用を回収しようというのは武器商人の鉄則であり、彼は薩長主導政府ができあがることに執念を燃やしていたのである。

だからこそ彼は、大蔵省造幣局に紙幣印刷機を納品して統一紙幣の発行に貢献したのである。

すなわち、薩長の藩札《はんさつ》ではなく、国家の統一紙幣で代金が支払われるように政府の主導権や情報を握っておこうと考えたのであろう。

一方、徳川慶喜の処遇に彼が一役買ったのも、慶喜を生かしておくことで、内戦の火種を確保しておこうと考えたとすれば、助命嘆願も納得がいく。

いずれにしても彼はフリーメーソンの正体を秘匿するために、あらゆる努力を惜しまず、坂本龍馬をはじめ岩崎弥太郎にも自分の存在を喧伝《けんでん》するのを固く禁じていたのである。文字どおり武器商人として黒子に徹していた彼が、単純に和平を望んでいたというきれいごとだけではすまない。

ジョン万次郎はフリーメーソンだった!?

ジョン万次郎の銅像が建つ高知県足摺岬。よくみると、左手にはフリーメーソンの重要なシンボルである直角定規とコンパスを握っている。

ここからジョン万次郎はフリーメーソンだったという説が唱えられている。

フランス革命から七二年たった一八六一年、今度はイタリアの指導的フリーメーソンだったガリバルディ（一八〇七～一八八二年）によって、中世から分裂状態だったイタリアが統一された。

それから七年後、日本の明治維新が坂本龍馬らの手によって達成されることになる。彼ら幕末の志士たちに倒幕の機運をもたらした陰の功労者の一人こそジョン万次郎である。つまり、フリーメーソン思想がジョン万次郎を媒介にして幕末の志士たちに注入されたというのだ。

しかも、こうした動きに歩調を合わせるかのようにフリーメーソンの日本進出も目覚しいものがあり、イギリス大結社スコットランド系ロッジ「ヨコハマ・ロッジ」が横浜にできたのが明治維新の二年前の一八六六年（慶応二年）。

そして一八六九年（明治二年）には、「オテントウサマ・ロッジ」が同じく横浜にできた。このオテントウサマという名前は、トーマス・グラバーの持ち船オテントウサマ号からとったものだ。ここからもトーマス・グラバーがフリーメーソンにとって、ただ者ではなかったことがわかる。

明治維新は「フリーメーソン革命」だった!?

トーマス・グラバーが、明治六年六月六日、前述のように造幣印刷機を大蔵省に納めている。

しかも、その技術を指導したのは、フリーメーソンだった香港造幣局のウィリアム・キンダーである。彼は造幣局のアドバイザーとして日本に八年間滞在している。

そのほかにも記録に残っているフリーメーソンがいる。新政府確立のため日本に渡ってきた「お雇い外国人」たちである。

◆図18　日本メーソン・ロッジ創設の記録

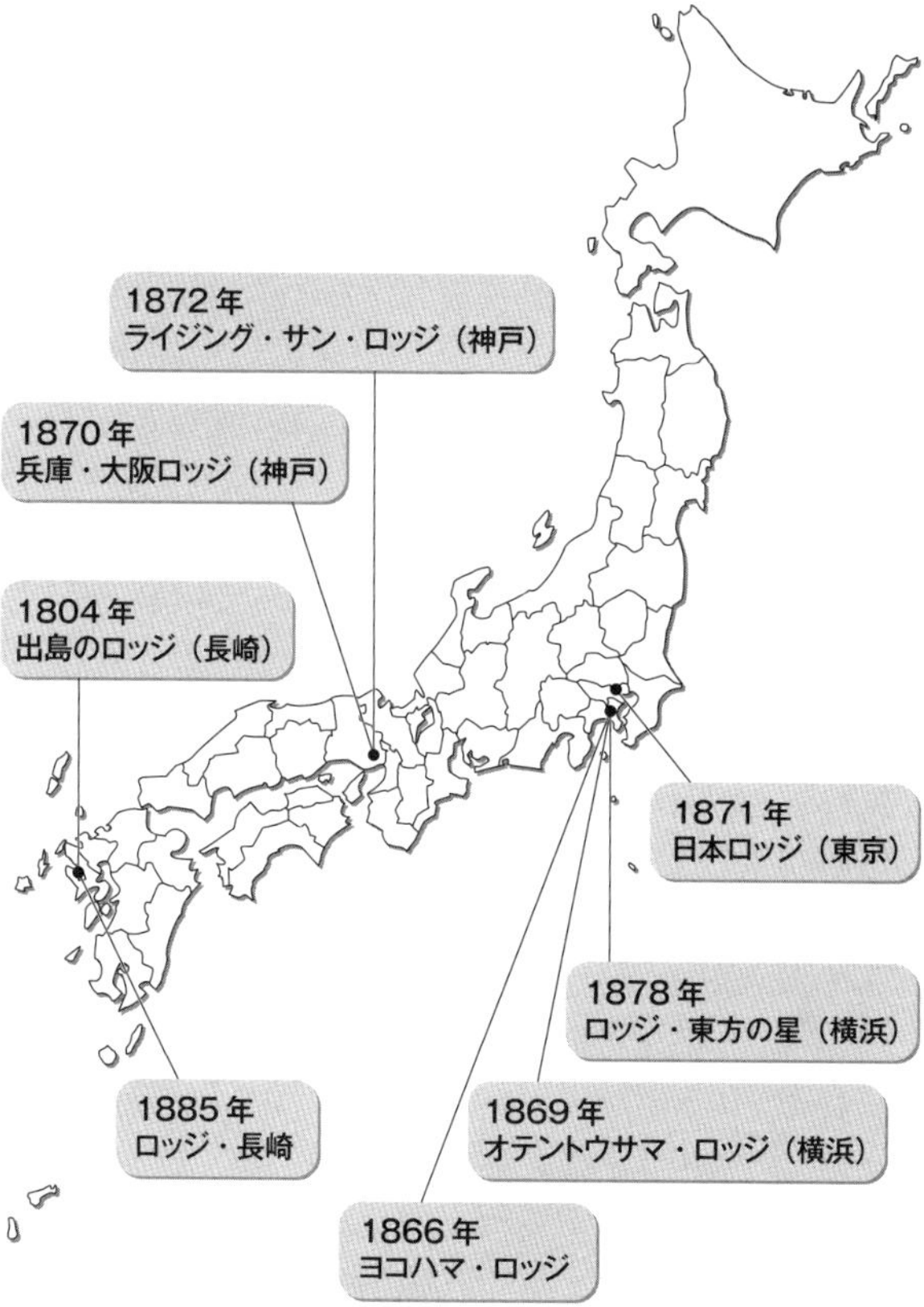

たとえば、「フリーメーソンの神戸ロッジの礎《いしずえ》を築いたドイツ人商人フィッシャー、英字新聞『ジャパン・ガゼット』と日本語新聞『万国新聞紙』を創刊した英国人ブラック、通信技術を指導したストーン、造船技師ハンター、写真家ベアト、アメリカ人医師エルドリッジ、フランス領事館とゲーテ座を設計したフランス人建築家サルダら」がそうだという記録がある。

こうしたことから日本の明治維新もフランス革命、アメリカ建国、イタリア統一などと同様に、〝フリーメーソン革命〟だったのではないかといわれているのである。

日本人フリーメーソン第一号は誰か

日本人のフリーメーソンは、一八六四年、留学先のオランダで入会した西《にし》周《あまね》と津田真道《つだまみち》が最初という。

西周は明治初期に西洋哲学の普及に尽力し、津田真道は明治政府の法律制定に貢献した人物である。

西　周

津田真道

もともと西周と津田真道は、江戸幕府の洋学機関・蕃書《ばんしょ》調所に勤務する蘭学者で、幕府の指示によって一八六二年にオランダに留学したのだ。

ライデン大学で学んだ彼らは、指導教官フィッセリング教授の紹介でライデンのフリーメーソン・ロッジに入会している。

帰国後、西は『万国公法』を出版し、津田はフィッセリングの『泰西国《たいせいこく》法論』を翻訳・出版したほか、元老院議会、衆議院副議長を務めている。

しかし、第二次世界大戦以前の日本では、右翼の思想家が敵国思想としてフリーメーソンの批判文書をまくなど反発が強く、日本人の会員はほとんどいなかった。

たとえば一九三六年をみてみると、「イギリス系ロッジが五つ、会員は外国人ばかり二七〇名程度であり、スコットランド系、アメリカ系のロッジを合わせても三〇〇名ほど」であった。なぜなら、明治政府以来、時の政府がフリーメーソンを外国思想とみなして厳しく禁じていたからである。たとえば、一九四三年一月一六日から銀座の松屋では『国際秘密力とフリーメーソンリー展』と銘打ち、「米英を操る黒幕の正体をえぐり出し、国際謀略の思想戦に備えんとす」というキャッチコピーの凄まじい催しが開かれている。

ところが、これを主催したのは毎日新聞で、後援したのは情報局、つまり日本政府だったのである。

しかしその二年後の一九四五年、日本の敗戦で第二次世界大戦が終わると、一九四六年よりフリーメーソン・ロッジの再建が始まり、日本の動向に再び関与していくのである。

「戦後・日本再建の謎」に迫る

✹マッカーサーは三三位階のフリーメーソンだった！

第二次世界大戦中、日本政府は自由、平等を謳《うた》うフリーメーソン思想を敵国思想と断じて徹底的に弾圧したが、敗戦と同時に駐留を開始したＧＨＱの最高責任者マッカーサー元帥は三三位階のフリーメーソンであった。

彼は、フリーメーソンの門戸を日本人に開くとともに、ＧＨＱの主要メンバーをフリーメーソンで固めたことでも知られている。

また、戦艦ミズーリ号で重光葵ら日本代表の前で行った演説では、ペリーこそフリーメーソンの兄弟だったと表明している。

ここからも明治維新と終戦後の日本に強い影響を与えていたのは、実質的にフリーメーソンであることがわかる。とくにマッカーサーが日本国憲法にもたらした国民主権主義はアメリカ建国、フランス革命の原動力となったフリーメーソンの理想とするところであった。

ということは、戦後から始まった日本の第二の建国の実質的黒幕も、アメリカ建国同様にフリーメーソンだったということになる。

ちなみに、ダグラス・マッカーサーは、「対日政策の一環として、皇族を皮切りに日本の指導者層をフリーメーソンに入会させ、最後は昭和天皇を入会させる」計画であったという。

日本人初のグランド・マスターとなった鳩山一郎

一九五〇年一月七日、マッカーサーらの影響によって参議院議長佐藤尚武、元国務大臣植原悦二郎、参議院議員三島通陽《みちはる》、日本商工会議所会頭高橋龍太郎、『ジャパン・タイムズ』編集局長だった芝均平らが、戦後はじめての日本人会員となった。この時点で日本のロッジは、フィリピン・グランド・ロッジの傘下にあった。だが、フィリピンの対日感情は最悪だったため、四月八日フィリピン・ロッジ代表のマウロ・バラディィが来日し、「世界平和のために、過去の罪を許して日本人をフリーメーソンとして迎えるべく決意した」と演説した。そこで星島二郎は、これに応え、国会にフィリピンに対する謝罪決議を提出し、全会一致で可決させたという。つまり、フリーメーソンが反日感情の緩和に一役買っていたのである。

この後、幣原喜重郎は「自由、平等、および仲間を歓迎するのは素晴らしい。私は何十年も前からロンドンで参加している」と述べている。

そして、一九五五年三月二六日。鳩山一郎は、日本人最初のグランド・マスターに就任している。日本人がついにグランド・マスターの地位に昇りつめたのだ。やがて、フリーメーソンのメンバーとなった皇族の一人東久邇宮稔彦王《ひがしくにのみやなるひこおう》は、鳩山一郎らとともに現代日本の礎を築くことになる。

すでにフリーメーソンに対して戦前の雰囲気はなくなり、友愛団体として認知されていったせいか、一九八七年には、横浜、東京・芝を中心に二五のロッジが生まれている。これがフリーメーソンと日本の主要な歴史である。

「一〇〇〇円紙幣の謎」に迫る———

明治新政府に深く関与したフリーメーソン

フリーメーソンの刻印があるのは、一ドル紙幣ばかりではない。同様に、日本のお札にもフリーメーソンの影がある。嘉永六年にアメリカ海軍提督ペリーが来航、その数年後に日本は開港した。日本開国の緒を開いたアメリカは、その後国内で南北戦争が勃発。そのため日本での経営に手が回らなくなり、代わってイギリスの銀行が幕末から明治維新にかけて主に活躍するようになる。もともと中央銀行の嚆矢《こうし》はイギリスのイングランド銀行であり、一七世紀末に設立されている。

君主制に代表されるイギリスの旧制度が次第に崩壊して勢力を得たのが、ほかならぬ金融機関で、その代表は国際金融財閥ロスチャイルド家であった。

ロスチャイルドとフリーメーソンは表裏一体の関係にある。

このイギリス系銀行のもとには、ジャーディン・マセソン商会およびその下部組織であるグラバー商会などの貿易商社があり、のちに維新政府の中心となる薩摩藩や長州藩に最新式武器の売買の便宜をはかった。これは前述のとおりだ。

ちなみに、日本がはじめて自ら銀行を設立するのは一八七二年であり、このとき定められた「国立銀行条例」は、アメリカで一八六四年に財務長官サーモン・チェースによって制定されたナショナル・バンキング条令がもとになっている。

銀行設立にあたっては、一八七〇年に当時大蔵少輔（次官）であった伊藤博文が、アメリカの首都ワシントンへ銀行制度を視察した結果が反映されている。

そして一八八二年、伊藤博文らは明治憲法をつくるためにふたたびイギリスに渡るが、そのときロスチャイルドからユダヤ人憲法学者ルドルフ・フォン・グナイストとロレンツ・フォン・シュタインを紹介されている。

こうしてグナイストらに学び、つくられたのが明治憲法であった。つまり、明治新政府には、あきらかにロスチャイルドとフリーメーソンの影が横たわっているのである。

なんと実質的な初代造幣局長はイギリス人フリーメーソンだった

新政府の大蔵省が造幣局を開いたのは、明治四年四月四日。「4」は日本では死をあらわし、忌み嫌う数字だが、ユダヤ民族では「4」は神をあらわす神聖数字である。それが三つ並んだ三位一体の日に紙幣の印刷機を納入したのは、前述のトーマス・グラバーであった。

不思議なことに、実質的な造幣局長は、前述のとおり、イギリス人トーマス・キンダーである。彼もまた、フリーメーソンのメンバーであった。

つまり、日本の紙幣の発行元は明治以来、フリーメーソンの監視下に置かれているのである。その証拠に日本の紙幣にもフリーメーソンの影は散見される。

✹一〇〇〇円札に刻印されるフリーメーソンの影とは？

現行の一〇〇〇円札の野口英世。この肖像は、左右の目の大きさが違い、いびつな感じがする。

しかし、一〇〇〇円札を裏返して蛍光灯などに透かしてみると、野口英世の目がちょうど富士山の山頂付近にある。その構図は一ドル札のフリーメーソンのマークと同じピラミッドの上にある万物を見通すルシファーの眼そのものである。あえてそう映りこむようにするため、野口英世の左右の目をいびつにしたとしか思えない。

と、ここまではよくある噂である。話はこれからだ。

一〇〇〇円札のウラ面の上部をみてほしい（図19参照）。そこに「NIPPON GINKO」とある。そこで今度はオモテ面。妙な髪形の野口英世の顔がある。念のため、透かしの野口と見比べてほしい。肖像画だけが、髪が左手に雲のようにふわりと伸びている。

次に、お札を透かしてみる。すると「NIPPON」の「NIP」という三文字が野口英世の頭の中に浮かんでいることがわかる。

これは、最近あまりみかけなくなった二〇〇〇円札でも同じで、ウラ面の源氏物語の二人の皇子の頭の上にある「NIPPON GINKO」の文字が、ちょうど「NIP」のところに句読点を打つかのようなデザインが施されている。

一万円札も同様だ。ちょうど「NIP」の三文字が逆向きに福沢諭吉の頭の中に浮かんでいるのがみえるだろう。まるで諭吉の額に「NIP」の刻印が押されているかのようである。

では、「NIP」とは何を意味するのか？ 英和辞典をみてほしい。「NIP」とは、「NIPPON」の蔑称《べっしょう》のことである。わかりやすくいえば「JAP」と同じで「クソ日本人！」ということだ。

そう、日本人は毎日、クソ日本人とサブリミナルされながら、それを知らず知らずのうちに崇《あが》めているのである。狙いは日本国民のアイデンティティ

◆図19　1000円札にもフリーメーソンの影が…

オモテ面

左右の目の大きさが、かなり違う。透かすと、富士山の山頂付近にくる。

〈見本〉

透かし――ここにも野口英世の肖像画がある。

ウラ面

透かすと、NIPの文字が野口英世の頭の中に浮かんでみえる。

〈見本〉

やプライドを粉砕するためという。

もっとも、それをみて気づかないものが潜在意識に届くわけはないという考えから、サブリミナルという手法は「心理学的には有効と認められていない」という説もある。

しかし、最近の学説では「視覚野に到達する伝道路よりもすばやく伝わる他の知覚野の存在が示唆《しさ》されている。もし、これが証明されれば、サブリミナル効果は間違いなく存在することになる」という。

もっとも、呪いだから相手に気づかれようが気づかれまいが関係はないのである。大事なことは、日本人からプライドというシンボルを喪失させることにあるのだ。

彼らは何も知らない日本人を、それこそ「ＮＩＰ」とさげすんでいるのかもしれない。

第8章

「フリーメーソンの正体」を暴く！

フリーメーソンとは、表向きは自由、平等、博愛、兄弟愛、人類同胞主義などを標榜する世界で最も古い秘密結社だが、その最終目標は、世界統一政府と世界統一宗教の樹立。つまり、ごく一握りのフリーメーソン幹部による超エリート集団の世界支配だといわれている。それが「ワンワールド」だ。

そのために、これまでの近代国家の革命のウラには必ずといっていいほどフリーメーソンが関与し、その国々の中枢に食い込み、これまでの世界の政治、経済をウラから操作してきた。

しかも、これまでみてきたとおり、フリーメーソンが、あたかも陰謀論を呼び込むかのような活動を繰り返してきたことはまぎれもない事実である。

しかし、陰謀とは、文字どおり、隠れたシナリオである。ところが、むしろ創設理念に照らせば、彼らのシナリオはすでに、さまざまな暗示や暗号でオープンになっているのだ。

ただ、われわれのほうで、それらの暗示に気がつかないだけなのである。

そこで本章では、フリーメーソンとバチカンとの最終戦争のゆくえとフリーメーソンの最終目的、そして、彼らの正体をあきらかにしてみたい。

フリーメーソンとバチカンの最終戦争が始まった――

フリーメーソンの言い分、バチカンの言い分

フリーメーソンとカトリックとの対立関係は長い。ざっとみていこう。一七三八年に、教皇クレメンス一二世がフリーメーソンの破門を教書で宣告した。

さらに一八二一年、教皇ピウス七世が革命的秘密結社のカルボナリ党員をフリーメーソンと同一視して非難した。

一八二五年には、レオ一二世が秘密結社に属する者すべてを糾弾《きゅうだん》し、四年後にはピウス八世が、一八三二年にはグレゴリウス一六世がフリーメーソン批判を踏襲《とうしゅう》した。さらにピウス九世は、数度にわたってフリーメーソンを糾弾している。

とりわけ有名なのは、一八八四年のレオ一三世による回勅《かいちょく》『フマヌム・ゲヌス』である。このなかで「フリーメーソンは、ありとあらゆる宗教に門戸を開き、地位を与えている。本来、カトリック教のみが唯一真実の宗教であるのに、すべての宗教形態を平等に扱っている」と非難した。

こうしたバチカンの非難に便乗して、「フリーメーソン＝悪魔」のキャンペーンを反フリーメーソン陣営は世界に張ったのである。そして一九八三年に新しい教会法が発効するまで、フリーメーソンは破門されていた。今日でもバチカンは、カトリック教徒がフリーメーソンたりえるとは認めていない。

一方、フリーメーソンの一部でも、反教権主義はいまだに根強く、カトリック教徒は教条主義的で自由に思考する能力に欠けるとして、その入会に積極的でない。

このように、歴史的対立を繰り返してきた両者だが、ともに言い分がある。

バチカン側からすれば「イエスを神と認めない彼らは文字どおり神を凌《りょう》辱《じょく》する反キリスト集団であり、それこそ悪魔主義者ではないか」とする声がそのひとつであろう。これは新約聖書『ヨハネの手紙』のなかの言葉だ。

「偽り者とは、イエスがメシアであることを否定する者でなくて誰でありましょう。御父と御子を認めない者、これこそ反キリストです」（『ヨハネの手紙』二・二二）

「悪魔の働きを滅ぼすためにこそ、神の子が現れたのです」（『ヨハネの手紙』三・八）

「イエスのことを公に言い表さない霊はすべて、神から出ていません。これは反キリストの霊です。かねてあなたがたは、その霊がやって来ると聞いていましたが、いまやすでに世に来ています。子たちよ、あなたがたは神に属しており、偽預言者たちに打ち勝ちました。

なぜなら、あなたがたの内におられる方は世にいる者よりも強いからです。偽預言者たちは世に属しており、そのため、世のことを話し、世は彼らに耳を傾けます」（『ヨハネの手紙』四・三―五）

だから、バチカンにとってフリーメーソンは、まさに打ち滅ぼすべき相手なのだ。

ところが一方、フリーメーソンにとっても言い分はある。彼らは、たしかにイエス・キリストを尊崇している。ただし「宇宙の偉大な建築者」とは別の「教会の偉大な建築者」という名のもとにである。つまり、唯一神ではないのだ。しかも、フリーメーソンは、使徒ヨハネの「神の国は汝らのうちにあり」という言葉を信奉しており、神の内在に重きを置いている。いわば神と一体になるという思想だ。これはカトリックにとっては異端グノーシスの教えそのものだ。

「最後の審判」が下る日は近い！

フリーメーソンからすれば、理想社会の実現のために乗り越えなければならないのは、まず世界宗教の対立であり、それは裏を返せば世界宗教の統一にほかならない。そのためには、ユダヤ教、キリスト教、イスラム教、ヒンズー教、仏教、神道などの各宗教の和解と統一は不可欠である。

したがって、キリスト教だけに肩入れをしたり、ユダヤ教、イスラム教が認めていないイエス・キリストを神と位置づけた途端、彼らが離反するのは目にみえている。そこで、たとえばユダヤ教が主張するようにイエスも預言者の一人で人間なのだ、と位置づけることで他宗教に対して配慮をみせる必要がある。

だからこそ、彼らに聞けば「もちろん、イエスも崇拝していますよ」という答えが返ってくる。ただし、それは唯一神としてではなく人間としてであり、優れた預言者の一人としてなのだ。こうした姿勢が、バチカンからすれば「反キリスト、悪魔集団」とみなされる要因のひとつともなっている。

ただし、最終段階になれば、フリーメーソンもカトリックも互いの勢力を巻き込む必要からいずれ両者が和解する日も訪れるはずである。実際のところ、第二次世界大戦後、両者はたびたび歩み寄りをみせているのだ。

なぜならバチカンの膨大な資産運用を処理できるのは、いまのところフリーメーソンルートしかなく、そのためバチカン上層部にフリーメーソンメンバーが参入するなどした結果、一九八三年にフリーメーソンの破門は解除されている。こうした動きは事実上バチカンの敗北を意味している。

だから、というべきだろう。公的には、バチカンは体面を保つためにフリーメーソンに対する敵対姿勢は崩していない。

したがって、歴史的な経過をみても、両者の間で本当に和解が成立するとすれば、どちらかが軍門にくだっていなければならない。つまり対等の和解はありえないのだ。

ニュートンは、聖書の暗号を「ローマ帝国の末裔と西ローマ帝国の末裔、そしてローマ教会の三者が手を結ぶとき、人類の破滅の日が訪れる」と秘密裡に解読していた。

最終戦争が軍事衝突である以上、軍事力を持たないバチカンが主導するとは考えられない。

そうなると、ローマ帝国の末裔や西ローマ帝国の末裔の軍門に降り、その国とバチカンが互いに互いの権威を与え合う存在になるのだろう。

少なくとも現在のＥＵとバチカンは蜜月である。またＥＵの背後にはフリーメーソンが存在していることもまた歴史的事実である。さて、勝者となるのはバチカンなのか、それともフリーメーソンなのか。

現在の国際情勢を見渡す限りでは、ニュートンの語る「最後の審判」が下る日が刻々と近づいている。

「キーワード33の謎」に迫る

なぜ最高位が「33」位階なのか

さて、いよいよ最後の謎に挑もう。それは『ロスト・シンボル』にも登場するキーワード33の謎である。原書『ロスト・シンボル』では、次のようなシーンが登場する。

「石のピラミッドの暗号を解いた主人公のラングドンは、『One True God』という言葉に行き詰まる。ラングドンを大聖堂に導いた首席司祭は、ラングドンの指先を石の箱の底へ入れる。するとそこには、中央に点のある小さな円が彫られていた。このシンボルは古代エジプトでは『太陽神ラー』、天文学では『太陽』、錬金術では『金』の象徴をあらわしている。

フリーメーソンの最高位の証として、ソロモン家に伝えられてきたピーターの指輪をそのシンボルにはめ、スコティッシュ・ライト最高位の数字である〝33〟度回したとき、『すべては第三三位階であきらかにされる』というフリーメーソンの言い伝えどおりに箱はその形を変え、ラングドンを真実に導く」

第33位階の指輪

この「33」とは、前述のとおりフリーメーソンの最高位とされる三三位階のことだが、それではなぜフリーメーソンでは「33」が最高のランクとされているのだろうか。そこには彼ら独特の暗号が隠されているのだろうか。

これには諸説ある。

そのひとつは、カバラ秘数である。つまり「33」をカバラ秘数によって計算すると、3＋3＝6となる。

この6という数字は古代ユダヤでは、ダビデの星をあらわす六芒星《ろくぼうせい》の6に通じるため、最強の数字とされている。

したがって、三三位階の人間はフリーメーソンのなかでも最強の人物だというわけである。

ほかにも「33」という数字は11×3の合計数字であり、「11」は裏切り者のユダを除くイエス・キリストの使徒の数で、その三倍、つまり三位一体をあらわしているため、イエス・キリストの最強の使徒という意味が込められているというものがある。

いずれも興味深い説であるが、かつて筆者が取材・研究したところでは、どうやら「33」には驚くべき暗号が仕掛けられているというのだ。

たとえば、ある人物は筆者にこう語った。

「奥義とは基本のことなのだ。たとえば、日本の剣の奥義が呼吸の方法にあるようなものだ。実は当たり前だと思っていることのなかに隠されていることが多いのだ。フリーメーソンにとっては聖書がそれにあたる」

つまり、聖書のなかにフリーメーソンの奥義が隠されているというのである。事実、フリーメーソンの思想にはユダヤ教の伝承が含まれており、その伝承のほとんどが旧約聖書に由来しているのだ。いわば聖典のなかにこそ答えがあるという。

「聖典」。これはまさに『ロスト・シンボル』のクライマックスに登場するフリーメーソンのキーワードそのものではないか。

フリーメーソンの奥義とは何か

では、フリーメーソンの驚くべき奥義とは何か？　その人物によればキーワード「33」は、旧約聖書にもとづいたものだという。というのも前述のように、「33」は11×3となり、この「11」という数字は、イエス・キリストの一一人の使徒のことではなく、なんと旧約聖書の『創世記』第一一章の数字だというのである。

『創世記』第一一章とは、ノアの大洪水のあとに来る章で、それは箱舟から出たノアの子孫たちが東方の地をさまよい、シニアル（バビロニア）に住みついたことを受けて始まるエピソードだ。旧約聖書はいう。

「そのころ、世界中の人々は同じ言葉を使って話をしていたが、ある一部の住民は、天にも届くほどのれんがの高い塔を町に建設し、有名になろうと考えた。これに危機感を抱いた神は、高々とそびえ始めた塔をみて、こう憤《いきどお》るのである。

『彼らは一つの民で、皆一つの言葉を話しているから、このようなことをし始めたのだ。これでは、彼らが何を企てても、妨げることはできない。われわれは降って行って、直ちに彼らの言葉を混乱させ、互いの言葉が聞き分けられぬようにしてしまおう』」（『創世記』第一一章六―七）

その結果、彼らの言葉は通じなくなり、町は大混乱に陥るのだ。町の建設も中断され、東から来た人々は世界中に散らされてしまったのである。そのため、いつしかこの町の名は「バベル（混乱）」と呼ばれるようになった。

これが『創世記』第一一章のてん末である。そう、有名なバベルの塔のエピソードなのだ。

実は、この第一一章にはフリーメーソンが理念としている重大なキーワードが横たわっている。それは冒頭にあるこの言葉だ。

「世界中は同じ言葉を使って、同じように話していた」（『創世記』第一一章一）

つまりこの時代、世界はワンワールドとして統一されていたのである。それが神の怒りを買ってバラバラにされたのだが、しかしまぎれもなく倒される前のバベルの世界は、フリーメーソンの理念ワンワールドを体現していたのだ。

したがって、「三三位階の11×3とは、バベルの塔の三倍、あるいは三位一体ということになり、『最強のバベルの塔』、つまり世界が始まって以来、最強のワンワールドをあらわしている」というのである。

そこでフリーメーソンの教えだ。彼らは、兄弟に向かってこう言う。

「人の手によって造られる家ではなく、天にそびえる永遠の家を築くために生きた石となれ」

天にそびえる永遠の家！　これこそバベルの塔ではないか!!

一ドル紙幣のピラミッドの謎が解けた！

そこで、一ドル紙幣を思い出してほしい（一二六ページ参照）。

神の目の上に掲げられた言葉は、「神は、われわれの企てに与し給う」である。そう、フリーメーソンの企てに怒るのではなく、フリーメーソンの計画に今度は神が賛同すると言っているのである。

さらに、一ドル紙幣に描かれているピラミッドは、実はピラミッドやジグラットではなく、倒れることのないバベルの塔を象徴しているというわけだ。それが結果として、もっとも安定感のあるピラミッドとして描かれているのである。

つまり、こういうことだ。「一ドル紙幣に刷り込まれた例のピラミッドとは、実は暗号で、それは神の怒りを買わないバベルの塔という隠れたシンボル」そのものなのだ。

わかりやすくいえば、フリーメーソンこそが、神の怒りを買うことのない永遠のバベルの住民を目指しているということだ。そう、リベンジである。

したがって「三三位階とは、まさに永遠のバベルの塔の完成者であり、不倒の塔の総監督という意味を持っている」という。つまり「ワンワールドの完成者」という意味があるわけだ。

なるほど、こう考えればフリーメーソンが東という方位を重視する謎も読み解ける。それはバベルの塔の住民こそがノアの末裔《まつえい》で、実は「東から来た人々だった」と旧約聖書は述べているからだ。しかもフリーメーソンがノアの末裔を自称していることも、これで一致する。

どうだろうか。フリーメーソンが「33」を最高位に据えた意味がおわかりいただけただろうか。つまり、この「33」という数字こそ、「フリーメーソンの奥義を伝える暗号」だったのだ。しかもこれは、旧約聖書を知らなければ決して読み解くことはできない仕組みになっている。

と同時に、フリーメーソンとは究極のワンワールドを目指している組織であり、そのための兄弟であり、自由、平等、博愛なのである。

ちなみに、「33」に関していえば、旧約聖書『創世記』における第三三章にも重大なキーワードが隠されている。それはユダヤ一二部族の祖ヤコブが父イサクの祝福を兄のエサウからだまし取り、ついには放浪の旅に出るというシナリオのあとに続くものだ。

実は、第三三章で、そのヤコブはエサウと再会を果たすのである。

「ヤコブはそれから先頭に進み出て、兄のもとに着くまでに七度地にひれ伏した。エサウは走って来てヤコブを迎え、抱き締め、首を抱えて口づけし、共に泣いた」（『創世記』第三三章三―四）

つまり、『創世記』第三三章とは対立から和解を説いた章なのである。ここからもフリーメーソンの最高位三三位階の人物は、対立から和解という使命があることがわかる。そしてその先に待っているものこそ、彼らの目指すワンワールドなのである。

フリーメーソン、その最終目標とは何か

本書を最後までお読みいただいた読者の皆さんには、フリーメーソンの最終目的がおわかりいただけたはずだ。

つまるところ、彼らにとってのアメリカ建国とは、ワンワールド構想の戦略拠点の構築であり、来るべきワンワールドに向けての、まさに前線基地だったのだ。

ただし、すべてのフリーメーソンの会員がこのことを知っているかといえば、そうではない。なかには本当に心から友愛組織だと信じ込んで活動をし

ている心優しい善良なるフリーメーソンも数多くいる。いや、「いまや、ほとんどの会員がそうだ」と言っても過言ではない。

しかし、秘密結社の秘密結社たるゆえんは「会員相互にも真実の情報が開示されない」という点にある。

たとえば、一八世紀、フリーメーソンの一人だったカサノヴァはこう語っている。

「フリーメーソンの秘密はその性質上、暴きようがない。なぜなら秘密を知っているといっても、そのフリーメーソン自身、それを推察したに過ぎないからだ。誰からも教えてもらったのでもない。ロッジに通い、観察し、推論することによって、自分でそれを発見したのである」

だからこそ、われわれは歴史のプロデューサーに徹した彼らの動向を、表向きの国際情勢を注視することで分析していくよりほかはないのだ。

しかし前述のように、「ワンワールド」というキーワードさえ知っていれば、メディアが伝える表面的な国際情勢からも彼らの動きを察知することは可能なのである。ともかく、フリーメーソンの中枢、首脳部の目的は「地球上における『バベルの民』となること」にある。そして「永遠のワンワールド」の完成だ!!

これを裏づけるかのように、一七三七年三月二一日、フランスのパリで、騎士のアンドリュー・M・ラムゼイが、フリーメーソンとテンプル騎士団とのかかわりを示したうえで、フリーメーソンの目標についてこう語ったことがある。

「われわれの目標は世界を一大共和国となすことで、起源は石工組合ではなく十字軍である」

これは、先のフリーメーソンの「33」にまつわる奥義を裏づけるものではないだろうか。だとすればフリーメーソンの設立理念には、このワンワールド構想が、まぎれもなく封印されていることになる。

以上が、筆者の入手した情報である。

ただし、一つだけ気がかりなことがある。

実はバベルの塔が生み出されたワンワールドの時代は、ノアの大洪水という人類の破局、つまり、われわれの時代でいう「最後の審判」を経て、実現されたということだ。

ワンワールドの前提には人類の破局が横たわっているのだ。それは今も昔も変わらないはずだ。

フリーメーソンの歴史をみてきたわれわれには、その導火線が、たしかに存在していることがわかる。

それはソロモンを崇拝する彼らの悲願が、エルサレムにソロモン神殿を再建することにあるという点だ。

それは、ニュートンが神殿の再建を意図した設計図を秘密裡に遺していたことからもわかる。

つまり、彼らがソロモン王の忠実なる僕《しもべ》であればあるほど、その悲願、すなわちソロモン神殿の再建は、現実に達成されなければならない最終目標のひとつなのだ。

ところが現在、そこにはイスラム教のモスク、すなわち岩のドームが厳然と存在する以上、彼らがとらねばならない手段とは唯ひとつ、それはイスラエルとパレスチナの全面戦争による岩のドームの破壊と神殿の再建でしかありえない。

そうなれば、間違いなく世界は第三次世界大戦に巻き込まれ、ニュートンが聖書から導いた終末の日、つまり「最後の審判」の日が、われわれ人類を襲うことになる。

そういう文脈で判断すれば、実はフリーメーソンこそ「最後の審判」のカギを握っている重要な秘密結社なのである。

おわりに――『ロスト・シンボル』の国・日本とワンワールド

読者の皆さんは、すでにお気づきになっただろう。

それは日本が、すでにフリーメーソンのワンワールド戦略に組み込まれすぎるほど組み込まれてきたことを。

ワンワールドは世界政府を抜きにしては語れない。

それはEUをみればわかることだ。いまやEU本部が実質的な司令塔になり、ヨーロッパは本格的に統一されようとしている。

とりわけフリーメーソンが、中世より近代にかけてバチカンと戦い、さらには王制を打倒してきたという歴史的事実から判断すれば、ワンワールドを展開する際に邪魔になるのは、その国固有のシンボル的な存在である。

たとえば、日本の場合は、天皇制がそれだ。もし本書で述べたことがそのまま進展していけば、近い将来、彼らは遠からず日本のシンボルである天皇制に介入してくることになるだろう。わかりやすくいえば皇室解体である。いや、すでにそうした動きは女性天皇論をはじめ、皇太子の皇籍離脱論が公然と唱えられているように、われわれの想像を越えて、はるかに現実味を帯びている。

たしかにワンワールドといえば耳ざわりがよい。なるほど、世界の宗教を統一すれば宗教対立はなくなるに違いない。戦争のない世界に一歩でも近づけるかもしれない。

おそらく多くの日本人にとって、ワンワールドは、むしろ魅惑的な構想に映るだろう。

だが、それはあくまで世界統一政府によるワンワールドであり、自由と平等という相反する理念と徹底した階級主義、秘密主義を彼らが掲げている以上、やがて自由は制限され、競争のない社会があらわれることだろう。

具体的にいえば「世界共産政府」である。

一部の官僚が民衆をコントロールし、民衆は徒弟以下の下働きである。いわば隷属だ。そんな社会の創出。価値観の統一。皆さんは、そういう未来を望まれるだろうか。

そうではないだろう。

大事なことは、ワンワールド構想が統一という名の抑圧であってはならないということだ。しかも本書で解き明かしたように、フリーメーソンは「バベルの塔を打ち立てて有名になろう」という聖書世界の住民たちの系譜なのだから、秘密結社とはいえ、そこには選民的思想とまったく無関係ではない。

つまり、これから訪れるであろうワンワールドとは、あくまでフリーメーソンから与えられるワンワールドであって、この本を読んでいらっしゃるあなたが主役ではないということだ。

だからこそ、われわれ日本人が目指さなければならないのは、むしろ、共存共栄を理念とした世界共同体構想でなければならない。

そのために必要なのは、民衆の連帯であり世界の一人ひとりが主役だという、いわば世界市民憲章の理念そのものである。世界市民憲章とは、たとえばこういうものだ。

世界市民憲章（案）

一、世界市民の立場から一人ひとりが地球環境を守る
一、核兵器にひれ伏さない。核兵器のない世界を目指す
一、戦争、殺人を企てない
一、他国の領土を欲しない
一、他国の富を収奪しない
一、富める者は貧しい者を支援する
一、成人はなんであれ額に汗をし、周囲を楽にする
一、一国中心主義に陥らない
一、独裁者の前にひれ伏さない
一、医療面において世界市民は連携し、愛のある地球づくりを目指す

こういう理念を日本人が提唱することは、これまで対立を繰り返してきたユダヤ教、キリスト教、イスラム教の垣根を乗り越え、いわば地球人として連帯していこうという精神の普及につながり、逆にそれぞれの国の個性やシンボル（国、民族、人種など）を認め合い尊重することにつながるのである。誰だって故郷を愛する心があるように、母国を愛する心はある。

だからこそ、自国や他国のシンボルを大事にしながら、ニュートンが読み解いた最後の審判のような最終戦争を経ることのない世界共同体の確立。

これこそを日本人は選択し、そこに向かって一歩一歩着実に歩みを積み重ねることが重要なのだと思う。

いわば草の根から始まるワンワールドこそが、これからの世界に必要な概念や人類哲学ではないか、と筆者などは思う。

話は壮大なものになった。しかし、そんな大事なことを考えさせてくれるのが、ダン・ブラウンの『ロスト・シンボル』である。ご一読をおすすめする。

最後になったが、終わりまでお読みいただいた読者の皆様をはじめ、常識を見直していくという意味で著述活動によって世界に衝撃を与え続けるダン・ブラウン氏、また長年にわたり著者の取材にご協力をいただいた皆様、仕事ばかりではなく健康面でもサポートしてくれた中見理嘉に心より感謝申し上げます。

筆　者

〈参考文献〉

取材にご協力いただいた皆様の情報、これまでの研究成果のほか、今回は以下に掲げる文献を引用、参考させていただいた。ここに書名を挙げ、感謝の意とさせていただきたい。

『The Lost Symbol』Dan Brown,Doubleday Publishing Group
『新共同訳聖書』日本聖書協会
『名場面で読む聖書』中見利男著、ＫＫベストセラーズ
『面白いほどよくわかる聖書のすべて』中見利男著、日本文芸社
『面白いほどよくわかるユダヤ世界のすべて』中見利男著、日本文芸社
『ダ・ヴィンチの暗号を解読する』中見利男著、日本文芸社
『ニュートン極秘文書』中見利男著、宝島社
『ニュートンの予言』中見利男著、日本文芸社
『都市伝説の謎』中見利男著、角川春樹事務所
『フリーメイスンのすべて』W・カーク・マクナルティ著、武井摩利訳、創元社
『イラスト図解フリーメイソン』日本博識研究所著、日東書院

『フリーメーソン』リュック・ヌフォンテーヌ著、吉村正和監修、創元社
『フリーメイソン完全ガイド上下』S・ブレント・モリス著、有澤玲訳、楽工社
『フリーメーソン』ポール・ノードン著、安斎和雄訳、白水社
『テンプル騎士団とフリーメーソン』
マイケル・ベイジェント、リチャード・リー著、林和彦訳、三交社
『ユダヤ人とフリーメーソン』
ヤコブ・カッツ著、綾部恒雄監修、大谷裕文訳、三交社
『ローマ教皇とフリーメーソン』
ダッドレイ・ライト著、綾部恒雄解説、吉田弘之訳、三交社
『石の扉』加治将一著、新潮社
『坂本龍馬とフリーメーソン』鬼塚五十一著、学習研究社
朝日新聞、読売新聞、毎日新聞各紙ほか種々さまざまな媒体、貴重な資料を拝見させていただいた。先人の皆様のご業績に敬意を表するとともに、心より感謝申し上げます。

＊翻訳協力　㈱トランネット

中見　利男（なかみ　としお）

1959年、岡山県生まれ。作家、ジャーナリスト。聖書や預言、暗号、童話研究の権威として著書、テレビ出演多数。海外でも高い評価を得ている。また暗号小説の第一人者として知られ、代表作の『太閤の復活祭～関ヶ原秘密指令』（角川春樹事務所）は、「2001年度本の雑誌が選ぶ総合ベスト10」にランクイン。主な著書に『ニュートン極秘文書』（宝島社）、歴史ミステリの傑作小説と評判の『「坂本龍馬の暗号」殺人事件（上・下巻）』（宝島社文庫）、ベストセラーとなった『グリム童話より怖い日本おとぎ話』『あなたの知らない日本おとぎ話』『本当は怖い日本おとぎ話』（以上、角川春樹事務所）、『新選組の謎』『日本の妖術師列伝』（中経出版）など多数。最新刊に『名場面で読む聖書』（KKベストセラーズ）。

本書の内容に関するお問い合わせ先
中経出版編集部　03(3262)2124

中経の文庫

『ロスト・シンボル』の謎　フリーメーソンの正体

2010年3月14日　第1刷発行

著　者　中見　利男（なかみ　としお）
発行者　杉本　惇
発行所　㈱中経出版
〒102-0083
東京都千代田区麹町3の2　相互麹町第一ビル
電話03(3262)0371(営業代表)
03(3262)2124(編集代表)
FAX03(3262)6855　振替　00110-7-86836
http://www.chukei.co.jp/

DTP／キャップス　印刷・製本／錦明印刷

ISBN978-4-8061-3642-2　C0122